CROSSWORDS

CROSSWORDS

SIRIUS

SIRIUS

This edition published in 2024 by Sirius Publishing, a division of
Arcturus Publishing Limited,
26/27 Bickels Yard, 151–153 Bermondsey Street,
London SE1 3HA

ISBN: 978-1-3988-4498-8
AD011195US

Printed in China

1

Across

1 "Beat it!"
6 "This image's head ___ fine gold" (Daniel 2:32): 2 wds.
11 Actress Mitchell, Sister Robin in "Malcolm X"
12 Dental floss brand: hyph.
13 "What a shame": 2 wds.
14 Affords access to
15 End of university web sites
16 Williams and Knight
18 Replies to an invitation, briefly
20 ___ Darya (river that flows into the Aral Sea)
23 Nagy ___, Hungarian prime minister in the 1950s
25 Solar ___
27 Reduced fare
28 Corvette design detail: hyph.
29 Stir
32 Trees whose wood is used to make archery bows
33 Granola bar grain
34 1997 N.L. Rookie of the Year Scott
36 "Went," in Scotland
37 Former Mideast inits.
40 Main character of TV's "The Pretender"
43 Actress Kate of "Dynasty"
45 "That's ___"
46 St. ___ Beach (Sunshine State vacation locale)
47 Faun's cousin
48 Lots: 2 wds.

Down

1 Enclosure with a MS.
2 Dolt
3 Restore to life
4 ___ glance: 2 wds.
5 Fox comedy show: 2 wds.
6 Abounding in trees
7 Early Dadaist works
8 Bill accompanier, initially
9 TV channel relaunched as "Versus" in 2006
10 Some N.F.L. ball carriers
17 Some dance records, for short
19 Grp. that is looking for the existence of aliens
20 Reduce in strength, weaken
21 Cat's plaint
22 They cover all the bases, briefly
23 Prefix with graphic
24 Ancient weight
26 Eye swelling
30 Broker, at times
31 Fair hirer in help wanted ads, initially
35 Parkinson's disease medicine: hyph.
36 Highly graphic
38 Geometric measure
39 Farrier's tool
40 Garfield or Buchanan: abbr.
41 PAC of docs
42 Decompose
44 "No great shakes"

2

Across

1 Underground construction worker
8 Philip Roth's "___, the Fanatic"
11 Boone and Day-Lewis
12 Kid
13 Frozen fruit purée
14 Kind of cozy
15 Change the position of words, letters, etc.: abbr.
16 Reverse, e.g.
17 Feckless
20 Keats and others
22 J. Edgar Hoover used one: abbr.
23 Gallery-funding gp.
24 In ___ (lab-grown)
26 ___ alia
30 Tchaikovsky's "Overture ___ Major": 2 wds.
32 "Mon Oncle" star Jacques
33 Hush-hush org.: 2 wds., abbr.
36 Developer's reference
37 Ural River city
38 She played Blanche opposite Marlon's Stanley in "Streetcar" on Broadway
40 Bunkum
41 Noms de guerre
45 Enzyme ending
46 Places into the custody of: 2 wds.
47 Belarus, once, initially
48 "___ Blonde" (Reese Witherspoon movie)

Down

1 Old activist org.
2 Sound at a spa
3 Storm dir.
4 Fast one: 2 wds.
5 Lang. of Israel
6 Nels of "Little House on the Prairie"
7 Clock std.
8 Credited to artist Romain de Tirtoff
9 "___ my mercy all my enemies" ("The Tempest"): 2 wds.
10 Bridge beams: hyph.
16 Bearlike mammal of China: 2 wds.
17 Actress ___ Tyler
18 "Gimme ___!" (start of an Iowa State cheer): 2 wds.
19 Benzoyl peroxide target
21 "Fabien ___ Franchi" (Oscar Wilde poem)
25 Military intelligence agency, initially
27 Youngest world chess champion before Kasparov
28 Fraternity letter
29 Musical dir.
31 Animal populations
33 Hartebeests
34 Computer magnate Perot: 2 wds.
35 Banana oil, for one
39 Grip, as ice cubes
41 Org. of which Jack Butterfield was president
42 Socialite's clothing initials
43 E-mail address ending for a general
44 Curve of a ship's hull

6

3

Across

1 Embodiment of gentleness
5 Mixed with foreign matter, adulterated
11 Latin hymn "Dies ___"
12 Fixed sock holes
13 Overly developed, like a weightlifer: hyph.
15 Four Holy Roman emperors
16 Melville tale
17 Calendar string, initially
20 2002 Literature Nobelist Kertész
23 Mary-Kate and Ashley
27 Middle grade
28 Florida N.F.L.er
29 Poll no.
30 100 agorot
32 Early fiddle
33 Fund
35 Have ___, imbibe: 2 wds.
38 Over your head
42 Inertial force
45 Fastens laces again
46 Silver-tongued
47 Musically keyless
48 Ward of "The Fugitive"

Down

1 Car with a bar
2 In ___ (following a tedious routine): 2 wds.
3 Crow's-nest support
4 Turn into
5 European fish
6 Queen of the fairies
7 Trial photographic prints
8 Coin word
9 Clinton Cabinet member
10 Edible corm of the taro
14 W.W. II beach assault vehicle
18 "___ you believe it?"
19 Warm bedside manner, initially
20 Suffix for poet or robot
21 "Who cares?"
22 Suffix for chicka or campo
24 Prefix with log or leptic
25 Army fig.
26 Super Bowl XXXIV winners, initially
28 London's Big ___
31 Confine: 2 wds.
32 Beetle cars, familiarly: 2 wds.
34 Butterfingers
35 Vehicle hire organization, initially
36 Depilatory brand, once
37 Absorbed by
39 Get a lustful eyeful
40 Colorado ski resort
41 Exile isle of fame
43 Stephen of "V for Vendetta"
44 "Lost" setting: abbr.

4

Across

1 Capital of Yemen
6 Part of a play: 2 wds.
11 Smart guys?
12 Heard cases
13 Star in Virgo
14 Goddesses of the seasons
15 GMC pickup truck
17 "La Scala di ___" (Rossini opera)
18 Rogers, Hines and others
20 Froth
23 Front of the body between the neck and chest
27 Big name in kitchen foil
29 Stand out
30 Have no choice in the matter: 2 wds.
32 "Just ___!": 2 wds.
33 First-stringers: hyph.
35 Agency responsible for highways, initially
38 Remover of frozen water: hyph.
42 Mar
44 Issuance from Uncle Sam: hyph.
45 Some sharks
46 "Cool!"
47 Respecting
48 "Cafe Terrace at Night" setting

Down

1 Cheek
2 Gravy Train competitor
3 Not "ja"
4 Available space for occupation
5 "Ditto": 3 wds.
6 Part of N.C.A.A.: abbr.
7 One who questions in great detail: hyph.
8 Drain
9 "___ my peas with honey…": 2 wds.
10 Creative spark
16 Diplomat: abbr.
19 Hot blood?
20 Autograph seeker, perhaps
21 Bullfight huzzah
22 Hole in one
24 Room coolers, for short
25 Visualize
26 Nursery schooler's need, for short
28 Letters in a long-distance company's number
31 Library ref.
34 Prudential competitor
35 Gen. Patton's alma mater
36 Attention ___
37 "Okey-___!"
39 "___ Miner's Daughter" (Loretta Lynn biopic)
40 Ending for cigar
41 Antique autos, initially
43 D-day troop carrier, briefly

5

Across

1 Made: abbr.
4 Entirely
7 Org. for dentists
10 That: Sp.
11 Year in Ethelred the Unready's reign
12 River of Venezuela
13 Loss leader?: 2 wds.
14 After a fashion: 2 wds.
16 "Don't look at me!": 2 wds.
18 Baseball's Martinez and others
19 Mooch
21 Arthurian lady
23 Ill-judged
25 Flawed somehow: abbr.
27 They were straight outta Compton
28 Sets of two, briefly
29 Ted Baxter's wife on "The Mary Tyler Moore Show"
32 Former film brand
33 Wagnerian heroine
36 Badge with a photo on it, for short: 2 wds.
38 "Shake ___!" (hurry): 2 wds.
39 Method of painting in opaque pigments
41 "The Ransom of Black Stealth One" author Dean
42 Creature with a queen
43 Flight coordinators, initially
44 Prefix with colonial
45 "Gangnam Style" singer
46 Believer's suffix
47 Digital cable and satellite television channel, initially

Down

1 Intends
2 Shooter's setting: hyph.
3 Sign up for battle: 5 wds.
4 ___ , amas, amat
5 Stole tons?: 2 wds.
6 "How to Murder Your Wife" star Virna
7 Executive producer of "The Love Boat": 2 wds.
8 More pretentious, as a painting
9 Dawn deity
15 "The ___ Wrote For You" (2014 movie written by David Kauffman): 2 wds.
17 Overnight accommodation
20 Jets or Sharks, e.g.
22 Drill wielder's qualification, initially
24 Big basins
25 Supermarket with a red oval logo, initially
26 Spheres
30 Pro follower
31 Shelley's "___ Skylark": 2 wds.
34 Some northern Canadians
35 Encourage: 2 wds.
37 Berry in modern diet supplements
39 Store with fashionable ads, with "The"
40 Outside: prefix

6

Across

1 Forte
5 Skin care brand
9 Primo: hyph.
10 Horse coat color
12 Pop
13 Flexible
14 Clotho, Lachesis, and Atropos: 2 wds.
16 "Radio Free Europe" group
17 Make an attempt: give ___: 3 wds.
21 Prefix with centric
23 Foul-smelling
24 Former Portuguese colony in India
25 "The Cask of Amontillado" author
26 Knife name in TV ads
29 Judge tentatively
31 As ___ the hills: 2 wds.
32 Genre of popular music, initially
33 Is a part of: 2 wds.
37 "Hold on!": abbr., 2 wds.
40 Leeds's river
41 Smiths
42 Before long
43 He played one of TV's Sopranos
44 Feminine suffix

Down

1 Hold up
2 Sound of joy
3 Acting in a secret or dishonest way
4 Make unable to hear
5 Major record label, once
6 Brother's title
7 Ring count
8 Flier's stat.
10 San Francisco, for one: abbr.
11 Liquid part of fat
15 "Yo te ___"
18 Disparaging remark
19 Some Pontiacs, shortly
20 Court cry
21 Breakfast item brand name
22 Drudgery
27 Smart one
28 He hit #1 with "Nice & Slow"
29 Dog's warning
30 Discomfort
34 Some GE appliances: abbr.
35 Multivitamin component, often
36 It's protected in Hawaii
37 Govt. agency in Stephen King's "Firestarter," initially
38 The Los Angeles Kings, the Edmonton Oilers, etc.
39 Letters in a help wanted ad

7

Across

1 "When Will ___ Loved" (The Everly Brothers hit): 2 wds.

4 ___ culpa

7 Mythical sleep-bringer

9 G.I. grub

12 Most provocative

13 "Ten thousand saw ___ a glance" (Wordsworth): 2 wds.

14 Will Varner's daughter-in-law in "The Long, Hot Summer"

15 "Valse ___" Sibelius orchestral piece

17 After a fashion: 3 wds.

19 Tries: 3 wds.

21 Meat approver, for short

23 Old English letter

24 King in a Steve Martin song

26 ___ tree (trapped): 2 wds.

27 Soda brand

29 Little feeling, as of pain or guilt

31 Unfounded criticisms

33 Disappear without ___: 2 wds.

34 Jerk: var.

37 Canadian TV channel, initially

38 Kelly's prince

40 River at Ghent

41 Donny and Marie

42 "The shakes," initially

43 Fair hiring letters, for short

Down

1 "Interesting": 2 wds.

2 "On & On" singer Erykah

3 Instruments of the oboe family

4 Fr. title

5 Abilene to Waco direction: hyph.

6 Cavern, in poetry

8 Goddess of the hunt

9 "Little" title role of 2006: 2 wds.

10 Suitable for most audiences: 2 wds.

11 Summer, in St-Tropez

16 Shiba ___ (dog breed)

18 Man in Black, e.g.: abbr.

19 Lady lobster

20 In a proficient manner

22 Tooth-doctors' org.

25 Date minimum

28 "Let's call ___ night": 2 wds.

30 "___ Good" Depeche Mode song: 2 wds.

32 Catch of the day, maybe

33 Popular ISP

35 Native of Media

36 Around: 2 wds.

39 Types online notes to, for short

8

Across

1 Bayer painkiller
6 Milan's La ___
11 Hardship
12 Bits
13 Names and addresses to which advertising material is sent: 2 wds.
15 At one time, at one time
16 Ham
17 Negative campaign feature: 2 wds.
19 Seuss declaration: hyph.
22 Moving option
25 Light netting with a hexagonal mesh: 2 wds.
28 Chu-___ (legendary Confucian sage)
29 TV show featuring Mulder and Scully (with "The"): hyph.
30 Husks
32 Like gastric juice
35 Morales of "The Mambo Kings: The Musical"
39 Writing station with a pull-down cover: 2 wds.
41 Journalist Roberts
42 Many a navel, familiarly
43 Thick pieces
44 Old toothpaste

Down

1 French weapon
2 Fibber
3 Protection: var.
4 Generated by chemical action (electricity)
5 "___ tu" (aria for Renato)
6 Fraternity letter
7 Blue, yellow or orange
8 Busy: 2 wds.
9 Beam intensely
10 Study of celestial bodies, briefly
14 47th U.S. state: 2 wds.
18 N. ___ (st. whose capital is Bismarck)
19 MIT, for one
20 Replies to docs
21 1002, in old Rome
22 Small town: abbr.
23 Don't just seem
24 Sega rival, for short
26 Draft org.
27 Got smart: 2 wds.
30 Improvise: 2 wds.
31 ___ of passage
32 Circle parts
33 Fan
34 Chase of "Now, Voyager"
36 ___ new world record: 2 wds.
37 D ___ "dog": 2 wds.
38 Swedish retailer
40 Island food in a bowl

9

Across

1 Do roadwork
5 Assignment
9 Early computer
11 Ancient kingdom in Asia
12 ___ firma
13 Like someone from Tehran
14 Unshorn sheep
15 ___ way
17 Inane
19 Freezer cubes
20 Not o'er
21 ___ Cruces
22 High school subj.
23 Some bent pipes
25 Some T.V. sets
26 ___ Boingo, "Weird Science" band
28 Georgia's capital: abbr.
29 Not having been satisfied
32 Wrinkly-skinned dog: 2 wds.
34 Former long-time record label initials
35 Pasta choice
36 Put the kibosh on
38 Actors Robert and Alan
39 Zen paradoxes
40 News feeds for Web users, initially
41 DOT, alternatively

Down

1 ___ di pollo (chicken breasts)
2 "On ___ to know basis": 2 wds.
3 St. Croix and St. Thomas are two: 2 wds.
4 Kernel's quarters
5 By way of, briefly
6 Panhandle city: 2 wds.
7 Native New Yorkers
8 Malay daggers
10 Small, round melons
11 "Everything but the ___": 2 wds.
16 Small island in a river
18 Antipoverty agcy. created by LBJ
22 Seamen's chapels
24 Queens airport, initially
25 One of the Magi: var.
27 Chemistry suffix
30 Alter
31 "Thou ___ blow with thy wind ..." (Exodus 15:10)
33 Cell messenger letters
37 Letters on a chit

10

Across

1 Inhaler's target
7 "Livin' la ___ Loca"
11 Render harmless
12 First name in mystery
13 Dead even: 3 wds.
14 Web letters in orange buttons
15 Huge Brit. lexicon
16 Married ladies of Spain: abbr.
18 ___'Pea ("Popeye" character)
20 Weather line
24 Foot pkg. markings
26 Cortés's prize
27 Coronary thrombosis: 2 wds.
31 Knot with two loops and loose ends
32 Prefix with scope
33 "___ and upward!"
35 Latin conjugation word
39 Hall near the quad
41 "Xanadu" band, for short
42 Labor Dept. org.
45 Dazzling displays
47 "Beam ___, Scotty": 2 wds.
48 My Lord, in Hebrew
49 Get together
50 Celtics coach, 1995–1997: inits., 2 wds.

Down

1 "Later!"
2 Strength
3 Hebrew letter: var.
4 It may be tipped
5 Certain hosp. scans
6 Traditional social ideals: 2 wds.
7 Left-hand page
8 Returns org.
9 Metric units of volume: abbr.
10 Two-time loser to D.D.E.
17 Like gift-box chocolates: abbr.
19 Continent with Germany and France: abbr.
21 Constricting snake
22 Free throw's path
23 Seoul soldier, initially
25 Wing: prefix
27 "Inside the NFL" cable channel
28 Seemingly forever
29 "___, that puppy is cute!"
30 ___ T: 2 wds.
34 Get used (to)
36 "It don't ___ thing if it ain't got that swing": 2 wds.
37 Hitching post?
38 "___, With Love" (1967): 2 wds.
40 1450, in Rome
42 Saturday morning TV show, initially
43 Understand
44 Decorator's suggestion
46 Footnote abbr.

11

Across

1 Big record label, once
7 Sidi ___, Morocco
11 Movement
12 Accomplishes
13 Compound thought to increase the risk of heart attacks
15 Small finch
16 Composer Camille Saint-___
17 Brightest star in the constellation Auriga
19 Like life, supposedly
22 ___ Spin (classic toy): 2 wds.
24 "___ Turn" (road sign): 2 wds.
25 Scientist's workspace, briefly
27 West who said "I generally avoid temptation unless I can't resist it"
28 Homepage address starter
30 Twofold
32 Islamic chiefs
34 Conger cousin
35 Composer Grofé
39 Easily upset: hyph.
41 Plane part
42 Axle application
43 Mo.-end document
44 Becomes fully recognized, and seems likely to continue: 2 wds.

Down

1 Gremlins, Pacers and Hornets, initially
2 Architect Mies van der ___
3 "Click ___ ticket" (NHTSA campaign): 2 wds.
4 Flint is a form of it
5 One of five on a foot
6 Years, to Yves
7 Epitomes
8 Front leg
9 All about babies
10 Small land masses: abbr.
14 China's Lao-___
18 Gucci rival
19 Wildcats's sch.
20 Only mediocre: 3 wds.
21 Art movement of the 1910s
23 Napoleonic marshal Michel
26 Outdoor blaze
29 Jupiter, e.g.
31 Online newsgroup system
33 Athletes Cobb and Warner
34 "White" peaks in N.H.
36 Genetic strands, initially
37 First name in 1950s TV comedy
38 Hebrew for "delight"
40 Metric wts.

12

Across

1 Ginger, who partnered with Fred Astaire

7 Consumer protection agcy.

10 Baked goods brand that "Nobody doesn't like": 2 wds.

11 Canyon or ranch ending

12 "Back to the Future" actor: 3 wds.

14 Split 50/50: 2 wds.

15 Long stretches

16 A little lamb?

17 Thug

18 Cut out

19 Brochure

21 One way to fall in love

22 Ridicule: 2 wds.

25 Ernie of golf fame

28 High moorlands, to Brits

29 Tinker Bell capturer

30 Others, in Latin

31 Calculator feature

33 Act quickly, so to speak: 2 wds.

35 Pittsburgh to Baltimore dir.

36 Altogether

37 Onetime lottery org.

38 Pet name for a gander

Down

1 Ruin, as one's parade: 2 wds.

2 Flower used in traditional medicine

3 Cartoonist Wilson

4 Israir alternative: 2 wds.

5 Diver's domain

6 French seasoning

7 Pollute

8 "Jane Eyre" author

9 Collection of similar items packaged as a single unit: 2 wds.

10 "Say cheese!"

13 Uneven

17 Hightail it

19 Places for happy hours

20 ___ Mae Brown (Whoopi Goldberg's "Ghost" role)

21 "M*A*S*H" extra

22 Tools used for beating metal into shape

23 At a minimum: 2 wds.

24 "In" groups

25 "The ___ Strikes Back"

26 In a meager way

27 Covered with rushes

29 Wanda who played Rita in "Evan Almighty"

31 Green Hornet's aide

32 Opposite of endo-

34 Prayer ___

13

Across

1 Place for mil. planes
4 "Harrumph!"
7 Anesthetic used by veterinarians, initially
10 151, to Nero
11 Some aliens
13 Steely: 3 wds.
15 Glorify
16 Has beens, probably: hyph.
17 Annoyance
19 Suffix with planet or paran
21 CBer's "Bad reception": hyph.
25 Hungarian actress: 3 wds.
28 Assent: 2 wds.
29 Ecol. watchdog
30 Beefed
33 Hound's trail
36 Gallic girlfriends
39 Use only one or two fingers to type: hyph.
41 Instrument for measuring electrical current
42 "___ won't!": 2 wds.
43 ___ Day
44 Lambkin's kin
45 Channel owned by Viacom

Down

1 Be sore
2 Linseed oil source
3 Time for cake and candles
4 Jennifer of "The L Word"
5 Mornings, briefly
6 Kicker: 2 wds.
7 Toyota hybrid models
8 Collectible frames
9 "Hey!" in a library
12 Principal ore of lead
14 ER pronouncement
18 Former East German secret police
19 Divisions of a lb.: abbr.
20 "This ___ test...": 2 wds.
22 Following orders
23 Alphabet trio
24 Memorable time
26 Fertilized cell
27 Make saw-toothed
31 Father
32 Title of Japan's Akihito: abbr.
33 Bogus
34 Big cat native to the Americas
35 "Teardrops ___ Guitar" (Taylor Swift song): 2 wds.
37 Financial field, for short
38 Scrape, as the knee
40 Just released

14

Across

1 Do some laps at the pool
5 "The Tragic Comedians" artist Walt
9 One of the O'Neills
10 Slender and elegant
12 Mountains
13 Senseless behavior
14 Hebrew prophet exiled to Babylon
16 Damascus's nation: abbr.
17 Millennium hundredths
22 Have a similar appearance to: 2 wds.
24 ___ terrier
26 Oslo's country, to natives
27 Narrow band in the design of cloth
29 Form of baseball: 3 wds.
30 401, to Nero
33 Free from bacteria, etc.
35 Andy Warhol's field: 2 wds.
39 Slave girl of opera
40 Popular shrub
41 Expensively furnished
42 Sounds of disapproval
43 Any day now

Down

1 Undersides
2 Lightheaded, casually
3 Add an extra layer between two pieces of fabric
4 Camouflage
5 "One Flew Over the Cuckoo's Nest" author Kesey
6 Suffix with form
7 Cellphone co.
8 French marshal in the Napoleonic Wars (1769–1815)
10 Aerodynamic
11 Hard black rubber
15 "It doesn't bother me!": 3 wds.
18 Cockeyed
19 Line leading to a place or point
20 Heart lines, for short
21 Realize
23 Guesstimate phrase: 2 wds.
24 Mil. rank
25 Own, to a Scot
28 Dreadlocked one
31 Child's response to a taunt: 2 wds.
32 Financial mogul Carl
34 Dad
35 Butter amount
36 Bar measures: abbr.
37 Neighbor of China, briefly
38 Singers Green and Jarreau

15

Across

1 Hotel workers
6 Buffalo hockey player
11 Paste used to fill gaps between tiles
12 Synthetic fiber
13 Plant found on coastal sand dunes: 2 wds.
15 Aunt Bee's boy, in 1960s TV
16 "Give ___ chance!": 2 wds.
17 Title of Japan's Hirohito: abbr.
20 Samsung product, e.g.: abbr., 2 wds.
22 "Come on!"
24 Choose
28 Used embellishment in speech
30 Brand of honey: 2 wds.
31 Dance for juniors, for short
32 2007 state quarter
34 Author Rand
35 Brit. news network
38 Water, in Oaxaca
40 Jim-dandy
45 Divider of wedding guests
46 Musical syllable system: hyph.
47 Awards for dramas, familiarly
48 Government issue: hyph.

Down

1 "Ben-Hur" studio
2 The Altar constellation
3 Ending for sen or jun
4 Spanish peso
5 Kind of infection: abbr.
6 Herbal drink: 2 wds.
7 Itinerary info: abbr.
8 ___ B'rith (Sons of the Covenant)
9 Lie
10 Actress Lanchester of "Mary Poppins"
14 Time of one's life
17 Protection: var.
18 Cafe card
19 Baseball great Rose
21 Some RCA products
23 Indian ox
25 Result of cogitating, sometimes
26 Jacques who directed "The Umbrellas of Cherbourg"
27 ___ chief (mag. boss): 2 wds.
29 New shoots
33 "Back Street" writer Fannie
35 Aviation org.
36 Tampa paper, familiarly
37 Prince, in Biblical Hebrew
39 "This is ___ for Superman!": 2 wds.
41 French key
42 Boxer in "The Rumble in the Jungle"
43 Grey Cup grp.
44 Penn of the "Harold & Kumar" franchise

16

Across

1 ___ stop to: 2 wds.
6 "Die Fledermaus" maid
11 Diamond status: 2 wds.
12 Calm down
13 Superfluous
15 Drive-___
16 Early models had eight-horsepower engines, initially
17 Old Spanish queen
19 Key of Brahms's Piano Quartet No. 2, briefly: 2 wds.
21 Actor Brad
23 In need of mending
27 "___ a Pill in Ibiza" (Mike Posner hit): 2 wds.
29 Action film staple
30 Israel's Mount ___
32 Ariz. neighbor: 2 wds.
33 "Sing me a Song of ___ that is Gone" (R. L. Stevenson poem): 2 wds.
35 Suffix with social
36 ___ Tzu
39 Colonel or captain
41 With intensity, casually: 3 wds.
45 "___ Done Yet?" (movie starring Ice Cube): 2 wds.
46 Did nothing
47 Order members
48 Some editorial notations

Down

1 Herd of seals
2 Prefix with lateral
3 Person who makes a will
4 JV player, perhaps
5 End of ___: 2 wds.
6 ___ gratia artis
7 Termination letter, slangily: 2 wds.
8 Hamburg's river
9 "Symphonie espagnole" composer
10 Alimony check cashers
14 Deaden
17 ___ fail (big blunder)
18 Silent actress Naldi
20 Go like lightning
22 North American war-ax
24 Potentially self-destructive
25 Mexican men, colloquially
26 "Same time ___ week"
28 ___ Mitchell (Ed from "Good Burger")
31 Fat
34 Tessa, John, Steve, et al.
36 Pillow covering
37 Boundary: comb. form
38 East-west highway in the south: 2 wds.
40 Not messy
42 Console for playing Super Mario Bros., initially
43 November honoree, briefly
44 QB's gains: abbr.

17

Across

1 Paranormal power letters
4 Apt. features
7 Not any, in Normandy
8 Ike's W.W. II command
9 International signal that replaced CQD
12 Not yet specified, briefly
13 Unoccupied
15 Rhapsodic poets
17 Abbr. on some dials
18 1936 Pasteur portrayer Paul
19 Laura Petrie's anguished cry: 2 wds.
20 Bridegroom's assistant: 2 wds.
23 That, in Tijuana
24 Belief in hidden spiritual creatures
26 News org.
28 "The Count of Monte Cristo" setting
31 Knighted conductor Georg
33 Unpopular spots
34 Mishmash
35 "Forget about it!": 2 wds.
37 Group united by devotion to a celebrity: 2 wds.
39 "Eewww, gross!"
40 Notable W.W. II neutral: abbr.
41 Make bigger, like a photo: abbr.
42 Riddle-me-___ (rhyme)
43 Code breakers' org.
44 Major defense corp.: inits.

Down

1 Seal in a sepulcher
2 Bring under control
3 Easy, unobstructed progress: 2 wds.
4 Snort
5 Short ways to go?
6 "___ Married an Axe Murderer" (Mike Myers film): 2 wds.
9 Highest judicial tribunal: 2 wds.
10 Filled treats
11 Croatian leader?
14 Fifth note in a musical scale
16 ___ Sleep (mattress retail chain): 2 wds.
19 "Come ___!" (enter): 2 wds.
21 Certain skirt
22 ___ Darya (river of central Asia)
25 Campus orgs.
26 Good ol' country, for short: 3 wds.
27 ___ bear (Arctic animal)
29 Asiatic wild ass
30 Brother's son, to you
32 List of chapters and page numbers at the front of a book: inits.
35 "___ Dimittis" (Song of Simeon in Luke 2:29–32)
36 "___-Di, ___-Da" (Beatles song): 2 wds.
38 Grazing area

18

Across

1 Colonial-era musical instrument
5 Muslim messiah
10 Knitting stitch
11 Little one
12 "Peter Pan" pirate
13 Year of ___ (2008 or 2020, to the Chinese): 2 wds.
14 Iris's place
16 Digital communication, initially?
17 Formal legal agreement
20 Checks: 2 wds.
21 Filch
24 Reproductive cells
25 Immigrant's course, for short
26 Medical plan, briefly
27 Deep-six
28 Over: 3 wds.
30 Lung disease caused by inhaling particles of quartz or slate
32 Worldwide workers' grp.
33 Boston hoopster, briefly
34 "Peer Gynt" character
36 1961 chimp in space
39 One of the Twin Cities: 2 wds.
40 Quite
41 Chasers
42 F.C.C. concerns: abbr.

Down

1 Meas. of velocity
2 Element ending
3 Unintentional statements supposed to reveal unconscious thoughts: 2 wds.
4 Big roll
5 Speedometer letters
6 Trailing
7 Deciduous tree with large leaves: 2 wds.
8 Kind of income
9 One of the Addams family
11 Based on data
15 Stamp, as a document
17 Collectible Camaro
18 Gulf of Finland feeder
19 Loosen, in a way
22 Dodge model of the 1980s
23 Seal groups
29 As much: 2 wds.
31 Greek letters
32 Captivated by
34 Poison source
35 Greatly regret
37 Med. condition that often involves cleaning
38 "Quiet down!" sounds

19

Across

1 Rajahs' wives
6 Metaphor
11 Brouhaha
12 Send, as for treatment
13 Cheney and Colfax, slangily
14 Atlanta Tennis Championship winner in 2013 and 2014
15 Volume for people visiting a foreign country: 2 wds.
17 Better for the experience
18 Is unable to
21 Anklebones
25 Major Calif. airport
26 "Regnava ___ silenzio" (aria from "Lucia di Lammermoor")
28 Summer hrs. in Wyoming
29 Galatea's love in Greek myth
31 In an obscene manner
33 Cannes award the ___ d'Or
35 Long grueling walk: 2 wds.
40 Miniseries opener?: 2 wds.
41 Ex of "the Donald"
42 Concert hall
43 Arid part of Israel
44 Amiens is its capital
45 "On the Record" host Van Susteren

Down

1 "Let me know if you're coming" initials
2 Banda ___ (Sumatran city)
3 Not e'en once
4 Hocked: 2 wds.
5 Musical performance for a recording
6 Cheyenne, Chippewa or Cherokee
7 Turn (to)
8 "River ___ Return" Western directed by Otto Preminger: 2 wds.
9 Look-see
10 Flub
16 Costar of Bea, Betty, and Rue on "The Golden Girls"
18 Jefferson Davis's org.
19 Patriots' grp.
20 "There's ___ in 'team'": 2 wds.
22 Makers of Athlon, Duron and Sempron processors, initially
23 Cholesterol carrier, for short
24 Suffix with acid or fluid
27 Arctic vole
30 Saliva, spittle
32 Craftsman who makes cloth
34 "___ to Kill" (John Grisham novel): 2 wds.
35 "Hair" co-author James
36 Utah city
37 ___ Against the Machine (rock-rap group)
38 Tech. product reviews website
39 2002 US election law, briefly
40 Where to send letters, initially

20

Across

1 ___ Nui (Easter Island)
5 Calculates the total: 2 wds.
11 Pat baby on the back
12 Bust, in a way
13 Cannonball metal
14 Accumulate
15 ___ Kramer, Michael Richards' role in "Seinfeld"
17 Erstwhile MTV countdown program, initially
18 Motel come-on: 2 wds.
20 "Wheel of Fortune" request: 2 wds.
21 Inexpensive, poor quality item
23 How some pkgs. are sent
24 T or F: abbr.
25 Your, in Italy
28 Doff: 2 wds.
30 Fishing aid
33 Brat
34 Prefix with sphere
35 Excites (the imagination)
36 Reno's county
38 "___ Island" (2008 movie starring Abigail Breslin)
41 Celtics head coach between Chris Ford and Rick Pitino: inits., 2 wds.
42 "Amazing!"
43 Bibliographical phrase: 2 wds.
44 Lynx and Sparks org.

Down

1 Baseball stat.
2 Gold: prefix
3 Move ahead
4 Sleep problem, to Brits
5 First kicker to play in five Super Bowls (winning four of them): 2 wds.
6 Art ___
7 Hip hop group, Run-
8 A bit, colloquially
9 About-face: hyph.
10 16th century English dramatist George
16 Ireland's patron, for short: 2 wds.
18 License giver, initially
19 Pi follower
22 Glacial ridge
25 Twisting of shape or position
26 Weather balloon or military aircraft, maybe
27 Continent of Burundi, briefly
29 Before the present: 2 wds.
30 "Brand ___" (John Michael Montgomery song): 2 wds.
31 Ennoble
32 Opera about an opera singer
35 "Bless me, Father, ___ have sinned": 2 wds.
37 "2001" computer
39 Kind of rule
40 ___ Na Na

21

Across

1 Sound of one hard object hitting another
6 "The Lonely Polygamist" author Brady
11 Braves Hall of Famer, Hank
12 Taboos: hyph.
13 Grin
14 Hägar's pooch
15 Classic dessert: 2 wds.
17 Luggage attachment: 2 wds.
18 British peer of the highest rank
21 Perfect society
25 Bronze ___
26 Outdated
27 Unpredictable phenomenon: hyph.
31 Antarctica's Prince ___ Coast
32 Pundit pieces in a newspaper: hyph.
34 Loop of stretchy material for holding things together: 2 wds.
39 "Love is Strange" costar Marisa
40 Major artery
41 Adjust, as a brooch
42 Scottish pants
43 Mixed: abbr.
44 Scythe handle

Down

1 ___ Grande, city in Arizona
2 Light
3 "What ___" ("That's robbery"): 2 words
4 Herding dog
5 Injured sneakily
6 Oust
7 "Please stay!": 2 wds.
8 Without ___ (dangerously): 2 wds.
9 Brightly-colored Australasian parrot
10 Mil. transport
16 Heat meas.
18 "Tru ___!"
19 Actor Tognazzi of "La Cage aux Folles"
20 Jennifer Lien's role in "Star Trek: Voyager"
22 Campaigner, for short
23 Labor group, initially
24 "Fast" and "slow," for example: abbr.
28 "Amen to that": 3 wds.
29 Put together, as pages in a book
30 ___ Dee River
31 Athlete Harold who won two gold medals at the 1924 Olympics
33 Mild oaths
34 Some bucks
35 Ballpark figures, briefly
36 Department
37 Grocery label amt.: 2 wds.
38 Quick run
39 "The flowers that bloom in the spring, ___ la"

22

Across

1 Big name in servers
4 "Stuart Little" author's initials
7 Childish
9 TV's onetime "___ Club"
12 Third, e.g.
13 Thor Heyerdahl craft: 2 wds.
14 East-west highway in the south: 2 wds.
15 Offscreen friend in "Ernest" films
16 Way in or out
18 Retain in employment: 2 wds.
20 Commercial prefix with vision
21 Ma's instrument
22 Euripides play
23 The Braves, on scoreboards
24 ___-Cat
27 Awards for TV shows
29 Special attention, for short
30 Associate
32 Garden hassle
33 Jack edged him out in the 1980 U.S. Open
34 Cohort of Bolger and Haley
36 Nonexistent
37 Many different kinds of
40 High-speed modem hookup, briefly
41 Cover with a hard surface layer
42 "Top Hat" studio, initially
43 Figure out

Down

1 NASDAQ debut, initially
2 Sticker
3 Heavy object used in physical training: 2 wds.
4 Marxian article
5 Euphemism for a vulgar word: hyph.
6 ___-Bilt (power tool brand)
8 "Stanley & Iris" director Martin
9 Completely devoid of wisdom or good sense
10 Tropical tuber
11 Actor Mark ___-Baker
15 Speed: abbr.
16 Lit up in a car: abbr.
17 A, in Acapulco
19 Building wings
21 Army fatigues, for short
25 Phillies and Braves grp.
26 Need to tidy things away all the time, say: inits.
28 String between L and P
30 Back
31 Medical suffix
32 Blender sound
35 Big name in oil
37 Neighbor of N.H.
38 Consumption
39 Chateau ___ Michelle winery

23

Across

1 F.C.C. concerns: abbr.
5 Eastern nurse
9 "___ Tú" (Mocedades hit)
10 Boats for rapids
13 Wind direction pointer in the shape of a rooster
15 30-day mo.
16 Summer hrs. in South Carolina
17 Fork over the cash
18 Roman emperor 68–9 A.D.
20 Stravinsky and Sikorsky
22 "Watermark" singer
23 How some losses appear: 2 wds.
24 Salsa singer Cruz
26 ___ of reality (wake up call): 2 wds.
28 Part of the hand
32 "Impossible!": 2 wds.
33 ___ and a day: 2 wds.
34 Void, in Versailles
35 Aisle
37 Presidential initials 1877–81
38 Ready to go home and relax: hyph.
41 One paying for time in a studio?
42 Settlement in South Africa
43 Fleck
44 French thinker?

Down

1 Waste products
2 Perforate (a person's skull)
3 With affection
4 Boeing craft letters
5 Didn't allow a return
6 Bar order
7 Mandela's org.
8 Old World bird
11 Last-minute greeting: hyph.
12 "The ___ the limit!"
14 "Isn't ___ bit like you and me?" (Beatles lyric): 2 wds.
19 Breakfast strip
21 Like some cheap wines
23 Suffix with infant
25 ___ Band, Bruce Springsteen's primary backers: 2 wds.
26 "Found ___" (1979 single by Ashford & Simpson): 2 wds.
27 100 butut in Gambia
29 Freshen
30 Animal in an experiment: 2 wds.
31 Dr. Jekyll's alter ego: 2 wds.
32 Like Olympic competitions: abbr.
33 "How cute!"
36 Olive-tree genus
39 Poverty-fighting grp.
40 N.Y.C. clock setting

24

Across

1 Alaska's Iditarod, for one
5 Ben & Jerry's alternative
9 Run off and get hitched
11 "These ___ Are Made for Walkin'" (Nancy Sinatra hit)
13 Shared psychological attributes of mankind: 2 wds.
15 Wallach of "The Magnificent Seven"
16 Not specific
17 Repeated phrase
19 Have a bite
20 German physicist Ohm
22 Z preceder?: 2 wds.
23 Hotel amenities
25 Equestrian
27 ___-Magnon man
28 Involuntary twitch
30 ___ Lingus (Irish carrier)
31 Harmonizing: 2 wds.
34 Humbled
37 ___ juice (milk, slangily)
38 Building with space projections
40 New York restaurateur of old
41 Bright circle?
42 Steinbeck's "East of ___"
43 Dangerous time

Down

1 Lengthen a pant leg
2 "Be-Bop-___" (1956 Gene Vincent hit): hyph.
3 Stepping up: 2 wds.
4 Air-quality monitoring org.
5 Israel's Abba
6 Give a ton of affection to, with "on"
7 "That's just what I was thinking!": 4 wds.
8 Streaked
10 Absorb the interest of
12 Pie chart part
14 ___ East
18 Kiosk purchase
21 Mother's mother, in the past
23 Hustles tickets
24 Biological rings
26 Habitable artificial satellite, briefly
29 Painter Mondrian
32 "Don't even bother": 2 wds.
33 States of torpor
35 Michael ___, German writer of fantasy and children's fiction
36 Checking line
39 Sporting goods retailer

25

Across

1 Tandoor oven products
6 Fat flier
11 Holding
12 Back porch on "The Golden Girls," named for a Hawaiian island
13 Failure in the supply of electricity: 2 wds.
15 "Bambi" character
16 Hello or goodbye
17 Time off, initially
18 British title
19 French possessive
20 Org. until 1993
21 Love on the Champs-Élysées
23 Blanchett of "Manifesto"
24 LIII x L
26 Line of clothing?
29 Busts
32 "Les Girls" actress Taina
33 South American three-toed sloths
34 Syndicate
36 Ike's command in W.W. II
37 Pipe material, for short
38 Pier gp.
39 Strong wind, especially in New England
42 Shiraz native
43 Hoist again, as a sail
44 Incessantly: 2 wds.
45 Walk ___ in someone else's shoes: 2 wds.

Down

1 Scruffs
2 Saint ___, Canadian rock band
3 Teaming, like angry bees
4 Born: Fr.
5 Layer of rock in the ground
6 B.B. King's musical genre
7 California's largest newspaper, for short
8 Extent-wise: 2 wds.
9 It's attractive on the fridge
10 Puncture
14 State of excessive activity
22 New age chant
23 151, in Roman numerals
25 Purgative made from buckthorn bark
26 Shown past the foyer: 2 wds.
27 Corrida quarry: 2 wds.
28 Ancient meeting places
30 Composer Shostakovich
31 Cirque du ___
33 Apple orchard pest
35 Boat with a flat bottom
40 Spike TV, once
41 College year div.

26

Across

1 Hanoi bowlful
4 Basic chess tactic
7 To the point
9 Automobile
12 Restaurant that makes its own ale
13 "Star Trek: Deep Space Nine" shapeshifter
14 El Paso coll.
15 Mil. head honcho
16 Alcoholic, for short
18 E-mail icon
19 Albuquerque college letters
20 Mary's upstairs neighbor, in 1970s TV
22 According to the teaching of the gospel
26 Football Hall-of-Famer Greasy ___
27 Moniker
28 Illegal firing
30 Mexican mother
32 "(Love Is) The Tender Trap" lyricist Sammy
33 "___ fan tutte" (Mozart opera)
34 The Engineers' sch.
35 Travels past (on horseback, e.g.): 2 wds.
38 Bark
39 Cloying sentimentality
40 Note after fa
41 Damascus' land: abbr.

Down

1 Banned chemical compound
2 Opposite of vert.
3 Practice of successfully outdoing a competitor
4 Church instrument, often: 2 wds.
5 "The rest ___ to you!": 2 wds.
6 Kan. neighbor
8 20ths of a ton: abbr.
9 They store digital information: 2 wds.
10 Supplementary: abbr.
11 "Marco Polo" star Calhoun
15 100 pesewas in Ghana
16 Fitting
17 Patent holder, often: abbr.
18 One worthy of imitation: 2 wds.
21 Norse goddess
23 Element seen in Las Vegas
24 Swiss river
25 Big T-shirt size: abbr.
28 "___ From Within" (2014 horror movie): 2 wds.
29 ___ Iti (island of French Polynesia)
31 On a deck, perhaps
33 Opera by Francesco Cavalli
35 A.C.L.U. concerns: abbr.
36 Nellie ___, pen name of Elizabeth Jane Cochran
37 "___ Blues" ("White Album" song)

27

Across

1 Jewish word of disapproval
4 World financial grp.
7 TV schedule letters, at times
10 ___ Stone
12 TV chef Martin ___
13 Filled with great emotion
15 Tolkien's Quickbeam and Treebeard, e.g.
16 Raipur wrap
17 "Dynasty" costar: 2 wds.
20 Former pro wrestler Anderson
21 Fargo's state: abbr., 2 wds.
22 So far: 2 wds.
24 Storage container
28 Alliance
30 Hot temper
31 Hitchcock movie of 1928: 2 wds.
34 Like some skiing
35 Juárez ones
36 Process of changing words from one language into another
40 Parisian pronoun
41 Dial 911: 2 wds.
42 Country whose capital is Damascus: abbr.
43 When doubled, a large biting fly
44 Time off, initially

Down

1 J. Edgar Hoover once ran it
2 Freddy Krueger's street
3 Old English coin
4 Without delay or hesitation
5 ___ up (botched the job)
6 "Just so it's known…": inits.
7 1979 Alda senatorial role
8 Boxing brothers Max and Buddy
9 "___ quote …": 2 wds.
11 "We the Living" author Ayn
14 Honshu port
17 "___ note to follow soh…": 2 wds.
18 Number crunchers of April, initially
19 Produce immunity by inoculation
23 "Barnaby Jones" star Buddy
25 More scatterbrained
26 Joanne of "All the King's Men"
27 "___-haw!"
29 Small eggs
31 N.F.L. Hall-of-Famer Hirsch
32 "___ of Blue Eyes" (Thomas Hardy novel): 2 wds.
33 "Portnoy's Complaint" author Philip
34 Lawyers: abbr.
37 Driller?: abbr.
38 Former name of the cable network Versus, initially
39 "All Songs Considered" network

28

Across

1 Fix firmly
6 Fitzgerald and others
11 Chilled: 2 wds.
12 Muhammad Ali's daughter
13 Bank holdings: abbr.
14 Like some private dets.: hyph.
15 551, to Nero
16 Saturate, in dialect
18 Ending for velvet
19 Life summary, in short
20 Bon ____
21 Animal in the family
22 Plenty, informally
24 Bryn ____ College
26 Cul ____: 2 wds.
28 Marie's beloved
31 "High Hopes" lyricist
33 Play ____ (tennis): 2 wds.
34 Film-preserving org.
36 W.W. I military group
38 "Gross!" sounds
39 Domestic deity in ancient Rome
40 Camcorder brand letters
41 New Deal inits.
42 Slangy name for an admission ticket
44 Like some forces
46 "____ Had" (Katie Holmes movie): 2 wds.
47 Italian landmark name meaning "three roads"
48 Take the helm
49 "It's ____ World" (2007 drama film): 2 wds.

Down

1 Foundation of a rail track
2 Bend
3 Trouble leading to another that aggravates the first: 2 wds.
4 Outer: prefix
5 Actress Ferrer of "Grey's Anatomy"
6 Melancholy
7 Calif. airport
8 Rescue equipment: 2 wds.
9 "Who's Afraid of Virginia Woolf?" playwright Edward
10 Holy man
17 Saturday morning TV show, initially
23 Airline-regulating org.
25 "____ happen?"
27 Contract to hire or lease transportation
29 Mend, as a rug
30 "I've been framed!": 3 wds.
32 Computer giant, initially
34 Actors Robert and Alan
35 San Andreas ____
37 Sunkist competitor
43 Electrify
45 Dog's bark, in comics

29

Across

1 1940s Soviet secret police org.
5 Hung down loosely
11 Mantra assigner
12 Cespitose
13 ___ about (approximately): 2 wds.
14 Actor Peter of "The Lion in Winter"
15 Loan shark
17 Because: 4 wds.
21 German port on the River Ems
22 Lariat
23 Cheerleader's syllable
24 Inc., in Britain
25 Like a maple leaf
28 Have for sale
30 1961 Jimmy Dean chart-topper: 3 wds.
32 Interstice
33 Skeleton parts
36 Kind of race
39 Loathing
40 Old English letters
41 Animals' scent trails
42 Pitching great Nolan ___

Down

1 Aid group, often: initials
2 Former Hungarian president Béla
3 "___ Day" (movie starring Bill Murray)
4 Anatomical friction reducers
5 Blow hard
6 Filmmaker with great creative control
7 It weighs on astronauts: 2 wds.
8 Ronny & the Daytonas hit of 1964
9 Slippery fish
10 Presidential inits.
16 "Anchors Aweigh" gp.
17 ___ ware (Japanese porcelain)
18 Plant that survives all but a severe frost: hyph.
19 When some have brunch: 2 wds.
20 Baghdad's ___ City
21 Jewish eve
26 Food court pizza chain
27 Bread maker
28 Spanish "eye"
29 Container for loose papers
31 Resolved issues, slangily
33 "Quiet down!" sounds
34 Make use of
35 Purview of 10-down
37 "Gotcha!"
38 Channel owned by DirecTV and Sony Pictures Television: inits.

30

Across

1 Expression of dissatisfaction
6 E (musical note): 2 wds.
11 Big name in foil
12 Rule over
13 Deep recess
15 Women, to a buckaroo
16 Genetic inits.
17 Interjection of surprise: 2 wds.
22 Just
25 ___ Harbour, Florida
26 "Who's there?" response: 3 wds.
27 Music hall
29 Former Brit. record label
30 With keen interest
31 Relinquished (a post)
34 "Lo's Diary" author ___ Pera
35 Garden intruder
39 Original name of Simon and Garfunkel: 3 wds.
43 Verdi's "___ Miller"
44 ___-France (sheep breed): hyph.
45 Magician ___ Angel
46 Aviator

Down

1 Nixon chief of staff
2 Elbow-wrist connection
3 1450, in Rome
4 Versified works
5 Chewie's pal
6 Belgium's currency, once
7 ___ position (protesters adopt it)
8 52, to Nero
9 Back
10 Spike TV, formerly
14 Second-lowest poker card, usually
18 Year in Justinian I's reign
19 Retired
20 Brother of Fidel
21 Abounding in shade trees
22 Bremen brew
23 "Look ___ Now" (Chris Brown song): 2 wds.
24 Reformer Jacob
27 The ___ Glove ("As Seen on TV" mitt)
28 Prospered: 2 wds.
30 Run ___ in the paper: 2 wds.
32 Bridge declaration: 2 wds.
33 Gershon and Carano
36 Part of a famous palindrome attributed to Napoleon: 2 wds.
37 Traditional German dish, himmel und ___
38 Colorist
39 Cable inits.
40 "The Skin of ___ Teeth" (Thornton Wilder play)
41 Nintendo free-form personal avatar
42 Peanut butter brand

31

Across

1 ___ avis, unique person
5 Last-minute greeting: hyph.
10 Final, e.g.
11 Cinema film
12 Overcome (a problem or difficulty)
14 Foot feature with phalanges
15 House of Lords member
16 "Let me say that again": 2 wds.
18 Neighbor of Minn.: 2 wds.
22 Ratio words: 2 wds.
24 Dutch city
25 Canon competitor
27 Play (to)
29 N.Y.C. subway line
30 Fine material used for tutus
32 Radar's favorite pop
34 "That's fine!": abbr., 2 wds.
37 Gender abbr.
39 Inlet
40 Omen of destruction: 2 wds.
43 Without a ___ stand on: 2 wds.
44 Organic compound
45 Golf's "Slammin' Sam"
46 Boxes, briefly

Down

1 Linear opening?
2 "If it ain't broke, don't fix it," e.g.
3 Kind of element: 2 wds.
4 Onetime Jeep mfr.
5 ___ Honeycutt, "Queer as Folk" character
6 Bay
7 Certifies
8 Seafood restaurant sign "Oysters ___ season": 2 wds.
9 Michigan's biggest city: abbr.
13 Immediately following, as on TV: 2 wds.
17 Nigerian native
19 Preventative measure
20 Stock follower
21 "___-plunk"
23 According to the timepiece
25 Mark, as a ballot: 2 wds.
26 Palindrome for poets
28 Austrian peak
31 Not wearing shoes
33 Candidate's concern
35 Pour ___ troubled waters: 2 wds.
36 Spherical objects
38 Encouraging preceder of "boy" or "girl"
40 Metric units of volume: abbr.
41 Poetic contraction
42 IBM competitor

32

Across

1 Criticize severely
5 Some trucks
8 Tommy's baby brother on "Rugrats"
11 First barbarian king of Italy
12 Lennon's love Yoko
13 Cotton fiber used to make yarn
14 Tap
16 Bank
18 Mark Harmon series on CBS
19 Jonson work
20 Milan music mecca: 2 wds.
23 Barricade
25 Degree of disorder or randomness in a system
27 PC monitor type
30 Horse rider's handful
31 Allergic reaction
33 Exhausted person's utterance: 2 wds.
36 Defraud
37 Dopey picture?
38 Weird
40 Have, in Edinburgh
41 Beer, slangily
42 Cinema can content

Down

1 Fish that lays an egg case called a mermaid's purse
2 Director Jean-___ Godard
3 Big galoots
4 Fig. on a car sticker
5 Ristorante offering
6 "___ a Thousand Times" movie starring Jack Palance: 2 wds.
7 Able to be changed
8 Municipal pound employees: 2 wds.
9 One way to saute: 2 wds.
10 "___ luck!" ("Knock 'em dead!")
15 Augmentation: abbr.
17 "Sesame Street" muppet
21 PC program
22 "Don't ___ word": 2 wds.
24 "Rise, Glory, Rise" composer
25 "Love Story" author Segal
26 Greek valley where games were held
28 "The Fountainhead" character Howard
29 "My Counsin Vinny" actress Marisa
32 Move like rush-hour traffic
34 Shortened form, for short
35 Get bushed
39 Center of Arizona?

33

Across

1 "___ Kick out of You" (song by Cole Porter): 3 wds.
6 Part of Nasdaq: abbr.
11 ___ of (disliking): 2 wds.
12 Italian town in a 1945 Pulitzer-winning novel
13 Ideal existence of carefree prosperity, so to speak: 3 wds.
15 Three-time Burmese prime minister: 2 wds.
16 Packed theater sign, in brief
17 Certain mail letters
18 Number after a period: abbr.
19 Slender tower on a mosque
21 Chekov player on "Star Trek"
23 Instrument for Orpheus
24 "Chicago Hope" Emmy winner
26 ___ Beach, Fla.
29 Stick with a small noose at one end
33 Herring-related fish
35 She, in Lisbon
36 "___ lied!": 2 wds.
37 Not any, in Normandy
38 Employment
39 Offshoot's twin brother ("Transformers"): 2 wds.
42 Undamaged: 2 wds.
43 Patty Hearst's name in the S.L.A.
44 View for a second time
45 Reform Party founder Perot: 2 wds.

Down

1 Fortunate: 2 wds.
2 Discuss, as a topic: 2 wds.
3 Flow or spill forth
4 ___ kwon do
5 Loss of the sense of smell
6 First name in the Bible, alphabetically
7 Star Wars, initially
8 Pay
9 Strict limit to customers: 2 wds.
10 Howler
14 Shockingly unpleasant
20 Others, to Octavian
22 Sweet ___, sugar alternative: 2 wds.
25 ___ Night (January 6)
26 ___ Clements, the "Father of Hillbilly Jazz"
27 "The Golden Goblet" author McGraw
28 Rules as a monarch
30 Tex-Mex music genre
31 Leachman of films
32 ___ corpus (protection against illegal imprisonment)
34 Blown away: 2 wds.
40 Born abroad
41 Gibbon species

34

Across

1 Hip scooter
6 Big drawer?
11 Detached
12 History Channel show that follows loggers in the Pacific Northwest: 2 wds.
13 Top part of a skeleton
14 Last-minute greeting: hyph.
15 Be a vagabond
17 Enzymes' suffixes
18 BBC rival
20 Cable syst.
22 Ancient temple
24 Minors' level: 2 wds.
28 Correlation
30 Group with family ties?: 2 wds.
31 Alaska's first governor, Bill ___
32 Gillette brand
34 Gun owner's grp.
35 Miss Universe pageant attire
38 O.K. Corral surname
40 Crested ridge
42 Bunk
45 Arm bones
46 Borden spokescow
47 Veto
48 "Star Wars" droid Artoo-___

Down

1 "___ in Victor": 2 wds.
2 Great Plains grazer
3 It's not well-pitched: 2 wds.
4 Game with four-foot mallets
5 Supplemental health insurance giant
6 Li'l Abner's Daisy ___
7 Dig for, as artifacts
8 Blake Shelton has won a lot of them: inits.
9 Wrap in waxed cloth
10 Added details
16 Ghastly
18 Monogram unit: abbr.
19 Trig. function
21 Special attention, for short
23 Of meaning in language
25 Pointer
26 Fly with the eagles
27 Actress ___ Magnani
29 Fail to keep
33 Sighed with delight
35 Vestments, e.g.
36 Face-to-face exam
37 "The Things ___ for Love": 2 wds.
39 Actor's goal
41 Apt. feature, in the classifieds
43 Letters that end "Old MacDonald Had a Farm"
44 USN cleric, for short

35

Across

1 Hosts
4 Spectra maker
7 Grant-giving grp.
10 European peak
11 An N.Y.C. subway
12 61, in old Rome
13 Christianity, for one: abbr.
14 Take advantage of: 2 wds.
16 Chief
18 Santa Barbara to Vegas dir.
19 Pack down, as tobacco
21 Dudley Do-Right's gp.
25 Railroad support
28 Data compression format letters
29 Babydoll
30 Bust
31 Countdown penultimate
32 Circle meas.
33 Unattractively thin
35 Bears: Lat.
37 Many ages
38 "When Your Child Drives You Crazy" author LeShan
40 Army ranks, initially
43 Minute life form
47 "Alley-___!"
48 Ambient music pioneer
49 F.C. Dallas's org.
50 Medical suffix
51 Summit: abbr.
52 Fed. aid agency
53 Gob

Down

1 Old school addition?
2 Alexandria Quartet book
3 Unwanted hair conditions: 2 wds.
4 Emergency ___
5 Without possible substitute
6 ___ angle (slanted): 2 wds.
7 Atlanta Braves div.
8 Skeleton prefix
9 Department of eastern France
15 Aachen article
17 ___ in "November": 2 wds.
20 Geographical features, for short
22 Branching wrinkle near the eye: 2 wds.
23 "Buddenbrooks" novelist
24 Carnivore's catch
25 In one end and out the other, briefly
26 Crowd's sound
27 Rain in Spain collector
34 Ques. counterpart
36 Ending for cloth or bombard
39 Major-___
41 "Hot Diggity" singer
42 C-___ (political channel)
43 "I'm not real impressed"
44 "Wild Country" author Dean
45 Army bed
46 "___ Beso" (1962 hit)

36

Across

1 Carew or Stewart
4 Kitten's sound
7 H.P. products
10 Don Ho instrument, familiarly
11 1970s 'do
12 "Now I get it!"
13 One who pretends that famous people are his or her friends
16 Aware of
17 Gulch
18 Odist with a type of ode named for him
21 Fetid, rank
22 Calendar column: abbr.
24 Ninny
25 Where to buy a novel
28 Cat-eater of TV
29 Former Chargers/Patriots linebacker Junior
30 Bonkers
32 Robin Williams' role in a 1982 movie: inits., 2 wds.
36 "___ Easy" (Guns n' Roses song): 2 wds.
38 Chinese dynasty circa 2070–1600 B.C.: var.
39 Cows reared for their milk: 2 wds.
42 Hammer-tongs connector
43 Teacher's deg.
44 "Asylum" star Stephen
45 Sault ___ Marie
46 Sad letters for latecomers
47 "Atlas Shrugged" author Rand

Down

1 Increase: 2 wds.
2 Cousin of a giraffe
3 Botherer
4 Built in a plant: abbr.
5 Make a misstep
6 Kennel sound
7 Appealing to many
8 Shift
9 Destroys, in a way
14 Put an ___ (stop, as a rally): 2 wds.
15 Letters of the Middle East?
19 Arctic birds
20 Furnace button
23 Railroad buildings, briefly
25 Barefaced
26 Ref's call
27 Had better
28 Shoe brand
31 Dungeons & Dragons game co., initially
33 Kansas motto word
34 Life of ___
35 Song of praise
37 Court cry
40 Burnable data-holder, for short
41 Latin series starter

37

Across

1 Like neon or krypton
6 Dig discovery: var.
11 Daring, in slang
12 Japanese-American group
13 Megalopolis with about 30 million people, for short
14 Company that's also a fruit
15 "Wheel of Fortune" buy: 2 wds.
16 Berne's river
18 ___ gestae
19 Passbook abbr.
20 PlayStation ___, Sony streaming TV service
21 Magician's name ending
22 Bacon bit
24 Firm parts: abbr.
25 Not legally recognized
27 Those, in Mexico
29 Mound in the Missouri
31 Bolt
32 Princess, initially
33 Whisper sweet nothings
35 Draft org.?
36 Mama bear, in Madrid
37 Clod
38 Fossilized resin
40 ___ Novo (Benin's capital)
42 ___ Wafers (cookie brand)
43 Cough up
44 Agenda listings
45 Gave a measure of medicine

Down

1 "Still ___" (Boney M song): 2 wds.
2 Not belonging to anybody: 2 wds.
3 Causing disapproval
4 Small inlet
5 City in Israel: 2 wds.
6 Catch
7 "Hooray!" preceder, when repeated
8 Feeling of loyalty shared by members of a group: 3 wds.
9 Cave
10 Printing character: ‡
17 Home-helpers from abroad: 2 wds.
23 O.R. personnel
24 Be indisposed
26 Like some buildings or pipes: hyph.
27 Verdi opera first performed in 1844
28 Refer to another person for decision or judgment
30 Precisely: 3 wds.
32 Dances at Jewish weddings
34 Days ___: 2 wds.
39 Shady street's name
41 Tic-tac-toe failure

38

Across

1 Obi

5 Bar

11 Dip ___ in (test): 2 wds.

12 Upright slabs of antiquity

13 Forgoing personal pleasures: hyph.

15 Computer add-on?

16 W.W. II arena

17 Argentine aunt

18 Prestige

20 QB's misfire

21 Cake finisher

23 ___-Anne-de-Beaupré (Quebec)

24 Donnybrook

27 ___ miss (randomly): 2 wds.

29 River that forms part of the Paraguay-Brazil border

30 "Somethin' Stupid," for one

32 "___ for iceberg": 2 wds.

33 Medicinal infusion, such as sweetened barley water

37 Mil. titles

38 Blood-typing letters

39 "The Killers" costar Gulager

40 Additional dose of a vaccine: 2 wds.

43 Mario Puzo bestseller

44 ___ milk

45 Struck off, in a way: 2 wds.

46 Like child's play

Down

1 MS. enclosures

2 "This is ___" (radio line): 2 wds.

3 Church platform

4 Playboy founder, for short

5 Dangerous fly

6 "___ extra cost!": 2 wds.

7 "Oy ___!"

8 One who believes in rule by a select group

9 Collided with: 2 wds.

10 Veto, for example

14 Mild expletive

19 No-win situation?

22 Isocrates, for one

24 Storage file for e-mails

25 Archetype

26 Caught with a noosed rope

28 "Is ___?": 2 wds.

31 Happy, cheerful

34 "Long Island" sound

35 Healing plants

36 Insane, slangily

38 One of the Near Islands

41 Full house sign, for short

42 Deem appropriate

39

Across

1 Metallic element no. 72
8 Original disciple
9 Sets of two, briefly
12 Epoch from 23.3–5.2 million years ago
13 52, to Nero
14 Shock treatment: inits.
15 Knaves
17 ___ book (be literate): 2 wds.
19 Actress Slezak of "One Life to Live"
20 Handle of a scythe
22 Memoir set at Harvard: 2 wds.
23 "J'accuse" subject
25 Angry outburst
27 Burrowing South American rodents
29 Made a sound like a dove
31 1970s–80s show about motorcycle cops
33 Most coarse or unrefined
35 Kin of -kin
36 Long-distance letters
37 Big name in beachwear
39 "Poppycock!"
40 Irritated, casually: 3 wds.
41 Stored fodder piles

Down

1 Rusty of "Make Room for Daddy"
2 High points
3 Contagious viral disease of cattle: hyph.
4 White House advisory group, initially
5 Echo
6 It parallels a radius
7 Reagan attorney general
9 Easy, unobstructed progress: 2 wds.
10 "Duino Elegies" poet
11 Rope fiber
16 Catcher's position
18 Fixed sock holes
21 Triangle part: abbr.
24 Relating to reality
25 1983 movie with Mr. T. and Max Gail: 2 wds.
26 Outlet of the left ventricle
28 Coins
30 Patron saint of France
32 Sports figures
34 ___-Flush (former bathroom cleaner)
38 Airport-screening org.

40

Across

1 Peace sign
5 Draw out
10 Flower with a bulb
11 Leveled
12 Attacked (a target) while swooping down on it: hyph.
14 Court org.
15 One from Hanover
16 Breath mint brand: 2 wds.
18 Fail to trade
22 Concerning an Andean empire
24 "All Things Considered" network
25 "What Did ___ Be So Black and Blue?" (Louis Armstrong hit): 3 wds.
27 Courtroom statements
29 Post-punk rock band Pere ___
30 New, in Roma
32 Actor Oka of "Heroes"
34 Blissful
37 Common salt abbreviation
39 Miracle-___ (brand for gardeners)
40 Golf scoring by total hits taken: 2 wds.
43 Actress Dunne
44 Anatomical network
45 Pillow stuffing
46 Computerphile

Down

1 "We ___ Start the Fire" (Billy Joel hit)
2 Antelope of the African savannah
3 Vibrant
4 Reverse of WNW
5 Nickname of a Beethoven symphony
6 Broadway's "___ Yankees"
7 Central Asian language
8 Can opener?
9 Baseball Hall-of-Famer Roush
13 Guiding light
17 Blow-up letters
19 Gets into knots
20 N.T. book
21 Couples, briefly
23 Noggin
25 Periodic table suffix
26 Alias, in commerce, initially
28 Many a Monopoly property: abbr.
31 Baseball player who played the dad on "Mr. Belvedere"
33 "Lady ___" (Chris DeBurgh song): 2 wds.
35 Angry
36 More secretive
38 The finest: hyph.
40 Prussian pronoun
41 Prefix with athlete
42 MetLife rival, briefly

41

Across

1 "Dumb & Dumber" actress
5 Statue
11 Police officer training school in Plainfield, initially
12 Actress Milano
13 Actresses Martin and Grey
14 Instrument for Segovia
15 Two quarters: 2 wds.
17 Give new strength or energy to
22 "Aha!": 3 wds.
26 Latin phrase for a backstabber: 2 wds.
27 Knotty spot
28 City on the Seine
29 Disturb
30 Frame around a window
31 9Lives product: 2 wds.
33 5th-century Germanic leader
38 French "not me": 2 wds.
42 Scene of Jesus' first miracle
43 First letter of "frank" but not "Frankfurt": 2 wds.
44 Bridger
45 King Arthur's foster brother: 2 wds.
46 Fate

Down

1 Marchetti of football fame
2 Economist Greenspan
3 Russo of "Tin Cup"
4 Ill-considered
5 Young raptor
6 Soft downy substance
7 Memo starter letters
8 Suffix with hobby or lobby
9 Govt. property manager
10 Tasha ___, Denise Crosby's "Star Trek" role
16 Onassis and Emanuel
18 Early models had eight-horsepower engines, initially
19 Place for pins
20 W.W. II weapon
21 Attached by a hook
22 Dedicated by the auth.
23 "Jane ___ Gun" (2015 movie starring Natalie Portman): 2 wds.
24 Change a few things
25 Gang's domain
28 "Hair" co-author James
30 Systemize
32 Character in "Alley Oop"
34 Part of U.S.N.A.: abbr.
35 Beloved, in "Rigoletto"
36 Old ExxonMobil brand name
37 Chicago mayor ___ Emanuel
38 Extra notes at the end of a letter, initially
39 Pal for Pierre
40 Genealogically-based community service organization, initially
41 Civil rights monogram

42

Across

1 1965 PGA champ Dave
5 Bleated
10 Eye part
11 Card game
12 Drugged drink, slangily: 2 wds.
14 Scheduled a slot for: 2 wds.
15 "Quiet down!" sounds
16 Actress Thompson
20 Outcasts
24 Mass. city
25 Greg Evans comic strip
26 Salad green
28 "___ the ramparts ..."
29 Astronaut Deke
31 Actress de Matteo of "The Sopranos"
33 Script ending
34 Pedigree animal of unmixed lineage
39 European epidemic of the 14th century: 2 wds.
41 Fine thread
42 "Como ___ usted?"
43 Port in southern Sweden
44 Actor Julia

Down

1 Producer of "Cordon Rouge" champagne
2 Athletic shoe brand with an arrow in its logo
3 Shipping dept. stamp
4 Earns large sums of money: 2 wds.
5 Characteristic of a male child
6 Radio switch: hyph.
7 Broadway's "___ Irish Rose"
8 Directional ending
9 Cubs play here
13 Patriot Allen and author Canin
17 Assist in crime
18 "Go ahead": 2 wds.
19 Part of N.A.A.C.P.: abbr.
20 Trudge
21 Actor Mischa or violinist Leopold
22 Not cooked very much, like a steak
23 Chicken
27 Microbrewery product: 2 wds.
30 Hid in the shadows
32 "Woman With ___" soap opera: 2 wds.
35 David Geffen School of Medicine site, initially
36 Tabula ___ (blank slate)
37 Accusatory words: 2 wds.
38 Lentil-based Indian dish: var.
39 "Iron John" author Robert ___
40 Lily in Lille

43

Across

1 Took off
5 Graft
11 Nash's "The ___ lama...": hyph.
12 Big test
13 Visiting the White House, e.g.: 2 wds.
14 Latin list shortener: 2 wds.
15 Freelancer's enc.
16 Cigarette's end
17 Bygone daily MTV series, informally
18 Figure
21 Dad's mom
23 "I wasn't expecting you!" lead-in: 2 wds.
27 "Head ___," Sean Paul song : 2 wds.
28 "The Dancing Couple" artist Jan
29 Pursue
30 "___ Butterfly" (Puccini opera)
31 Chekhov's first play
33 Pub order
36 Frozen "wasser"
37 Col. in a profit-and-loss statement
40 "Blithe Spirit" playwright Noël
42 River in Bavaria
43 "True enough, but...": 2 wds.
44 Actress Austin
45 Elsewhere in this contract
46 Car roof feature: hyph.

Down

1 Hi's comic strip wife
2 Sicilian resort
3 United under a central government
4 Nursery schooler's need, for short
5 Infamous insider Ivan
6 "Correct" prefix
7 Harem chamber
8 Target of a military press, briefly
9 Burrow
10 Carrier at J.F.K.: 2 wds.
16 Stridex target
19 Mushroom used in Japanese cooking
20 Stay away from: 2 wds.
21 Sporty cars, briefly
22 Shad delicacy
24 Portly
25 ___ and haw (stall)
26 Actress Balin
28 Minus in Marseille
30 "___ Athens, Ere We Part" (Byron poem)
32 Even-numbered page
33 Banda ___ (Sumatran city)
34 Zero, in tennis
35 Ablutionary vessel
38 Hawaiian tuber
39 Boring one
41 Chemical suffix
42 Addamses' hairy cousin

44

Across

1 Happen
6 Handel opera, "___ and Galatea"
10 "Swanee" singer Al
12 Osbourne of Black Sabbath
13 Tooth: prefix
14 City of northwest Spain
15 River to the Rhône
17 Org. that monitors health
18 "Later!"
20 Fairway neighbor
22 Big ref. works, for short
24 Drinks noisily
27 Harness racer
29 Ratio words: 2 wds.
30 First
32 "___ and Away" (Fifth Dimension hit): 2 wds.
33 Stair part
35 Quick turnaround, slangily
36 "Quietly Brilliant" phone company letters
38 Nuclear weapon: hyph.
40 Waters, in France
42 Hole in your shoe
45 Giant slain by Odin, thus creating the Earth
46 Dog
47 Stiff hair
48 Words on a Renault 5: 2 wds.

Down

1 Ixtapa eye
2 Massachusetts' Cape ___
3 Like some TVs: hyph.
4 Annapolis sch.
5 Chopper part
6 Earthlink competitor, initially
7 Country, capital Prague: 2 wds.
8 Kind of shirt
9 Harmony: abbr.
11 They're taboo: hyph.
16 Girl's name
18 Hale-___ (comet seen in 1997)
19 Calendar span
21 Mentor
23 Big rig
25 Dugout sound
26 Traditional Mexican dish
28 Impulsive
31 Mountain Community of Kern County, Calif.
34 ___ flush (powerful poker hand)
36 Attention-getters
37 Domestic
39 Word on the wall, in Daniel Chapter 5
41 Overseas Mrs.
43 Disney deer
44 Dutch painter Gerard ___ Borch

45

Across

1 Brimless hat
6 Annoyed
11 ___ gum, resin used in making varnish
12 Brownish gray
13 Bay window
14 Oxford doctorate, briefly
15 Nestling hawk
17 Donald Duck, to his nephews
18 Slowing, in mus.
20 Chance in a game
22 P.T.A. concern: abbr.
24 One of a ship's main masts
28 Field Marshal of World War II, ___ von Bock
30 Prefix with surgery or transmitter
31 Suitable
33 Attys.' degrees
34 Those, in Mexico
36 Chase scene maneuver, slangily
37 San ___, Italy
40 Iranian coin
42 Automatic transmission setting
44 Closes in on
47 Broadcast
48 Funnel-shaped
49 Bit of laughter
50 "The ___ near!" (doomsayer's phrase): 2 wds.

Down

1 M.M.A. fight finale
2 Pole with a blade on one end
3 Peacefulness
4 Manhattan Project scientist
5 Southernmost city of Israel
6 "___ be an honor!"
7 German fairy tale girl
8 "The Structure of Scientific Revolutions" author Thomas
9 "Giant" for example
10 Boxing's Oscar ___ Hoya: 2 wds.
16 Dim ___
18 Football game "zebras": abbr.
19 Nantes notion
21 ___ Tin Tin
23 Drop in: 2 wds.
25 Natal section, once
26 Earth, to Mahler
27 Like a yenta
29 19th-century literary inits.
32 Shostakovich's "Babi ___" Symphony
35 Afterwards
37 Vitamin amts.
38 "___ Go Bragh!" (Irish)
39 Joan of art
41 "___ Flux" (Charlize Theron film)
43 Summer hrs. in D.C.
45 King, in Portugal
46 Certain 1960s protesters, initially

46

Across

1 UPS unit, briefly
4 Shiba ___, Japanese breed of dog
7 ___-ha
8 Greek letters
9 Army E-3, initially
12 Score a touchdown rushing the ball: 3 wds.
14 Archival file format, initially
15 Seat of Marion County, Fla.
16 Ex-model Gabrielle
18 One of Satan's nations, in the Bible
19 Hold back
20 Pilothouse letters
21 Jake ___, boxer nicknamed "The Bronx Bull"
24 Not in a quiet way
26 Muesli relative
28 Big Ten sch.
31 Psychohistorian Seldon of Isaac Asimov's "Foundation" books
32 Utah's Senator Hatch
34 Michael ___, former president of the Walt Disney Company
36 Does some yardwork
37 Irish or North
38 Stiff hair
40 C&W channel
41 French department and river
42 Kind of service
43 Dusting item
44 Big initials in fashion

Down

1 Silvery metallic compound
2 Colorful bird
3 One whose age is in the nineties
4 Design engraved into a material
5 Rapa ___ (Easter Island)
6 Natl. Guard counterpart
9 "___ Princess" (kids' board game): 2 wds.
10 Aspect
11 Espresso foam
13 U.N. agcy. concerned with working conditions
17 Class for foreigners, for short
22 Deaf person's communication letters
23 Catcalling
25 "Step ___!": 2 wds.
26 Haunting presence
27 Poe's "The ___"
29 Sashays
30 Declassify
33 Thing: Lat.
35 Construction piece shaped like the last letter of the alphabet: hyph.
39 Narrow inlet

47

Across

1 André ___, Dutch violinist and conductor
5 Wild sheep of Asia
10 "This is ___ sudden!": 2 wds.
12 Nary a soul: 2 wds.
13 Handsome: hyph.
15 Service award
16 Kind of instinct
17 Your, in Italy
18 Manifest
19 AAU member, briefly
20 Down
21 Camper's snack
23 Aspartame manufacturer, now part of Pfizer
25 Dried coconut meat
27 Seaport and industrial city in northern Spain
30 Company that sells anti-Road Runner devices
34 In this location: Sp.
35 Ring letters
37 Suffix with Ecuador
38 Freedom, briefly
39 Pieces on a board
40 ___ Lanka
41 Movie actors' auditions: 2 wds.
44 "Blame It on Me" singer Davis
45 Record material
46 Copper or lead
47 Postpaid encl.

Down

1 Shabby
2 Repetitive sounding Philippine city
3 One who runs off to wed
4 GBP alternative
5 One more
6 Korean soldier, initially
7 Thyroid enlargement
8 Every twelve months
9 Emissary
11 Korbut of gymnastics
14 Frank in stating one's opinions
22 Chemical banned by the EPA in 1977
24 Route-finding org.
26 Breakfast food
27 Certain fir
28 Frozen spike
29 Animal in an experiment: 2 wds.
31 Big name in small planes
32 Comical Feldman and Ingels
33 Maroon
36 Airing in prime time, say: 2 wds.
42 Alfonso XIII's queen
43 Ice: Ger.

48

Across

1 Cartoon "devil," briefly
4 Long ___
7 ___ Pepper
10 Bolivian president Morales
11 Weapon
12 "Ben-___" (1880 novel)
13 Heir to a will
15 (They) exist
16 Yvette's evening
17 Off-color
19 Analyze, in a way
21 Reproductive cell
24 Censorship-fighting org.
28 New York county
29 Old laborers
30 Cuddle and kiss in London
31 Spanish royal ladies
32 "___ Amarillo" (1951 movie starring Roy Rogers): 2 wds.
34 Completely: 2 wds.
37 Bring in
41 Jack of "Barney Miller"
42 Force into some kind of situation
44 Campus wall cover
45 R.F.C.'s successor
46 Actor Hakeem ___-Kazim of "24"
47 Prof. helpers
48 Work with a shuttle
49 Tel Aviv's country: abbr.

Down

1 Bus. card data
2 Chevrolet subcompact car
3 King of Albania, 1928–39: 2 wds.
4 F.B.I. employee: abbr.
5 "C'est la ___"
6 "___ not amused!": 2 wds.
7 Former center O'Neal, casually
8 Master
9 Forest unit
14 Notes of a chord played in rapid succession
18 Shoreline inhabitant
20 Words before premium or price: 2 wds.
21 Fast sports cars, for short
22 French department and river
23 Bossy's call
25 BBC World alternative
26 Gamboler's spot
27 Letters at sea
29 It can be shocking
31 Floor-cleaning robot
33 Atom bomb trial: abbr., 2 wds.
34 "___ any wonder?": 2 wds.
35 Astronomer's sighting
36 Playthings
38 Japanese golfer Isao ___
39 Narrow inlets
40 Red or Brave, for short
43 Cricket club

49

Across

1 Naut. law enforcement grp.
5 Maximum
11 Modern, to Mahler
12 Officer who attended a Roman magistrate, historically
13 Clay-sand mixture
14 Actresses Foley and Cleghorne
15 Hardly, if ever
17 Chemical prefix
19 Chichén ___ (Mayan city)
22 Bernsen role on "L.A. Law"
23 Mediums
25 Done working: abbr.
26 Suffix with Samson
27 Ill-gotten gains
30 Put ___ to (halt): 2 wds.
32 Myanmar money
33 Bar of gold or silver
34 Walk very quietly
36 "Peer Gynt" dancer
39 "See ya," in Siena
42 Sun in Strasbourg
43 "___ sow, so shall…": 2 wds.
44 Prefix meaning "tin"
45 Wing: comb. form

Down

1 Coll. whose baseball team plays at Lobo Field
2 Poseidon's domain
3 At the present time
4 Italian-style ice creams
5 Cinematic beekeeper
6 "All of This Love" singer Pam
7 Rapper whose albums include "Legend": 2 wds.
8 Suffix with den or dem
9 Pop's boy
10 ___-80 (old computer)
16 Sturgeon eggs
17 Modern Maturity org.
18 Stream
20 Spirit of a particular period of history
21 ___-Detoo, 2003 Robot Hall of Fame inductee
24 Cal. page
28 Make plump
29 Mix (an added ingredient) with a spoon: 2 wds.
30 River islet
31 Online music company founded by Shawn Fanning
35 ___ Alto, site of Stanford University
36 Numbskull
37 "Just the opposite!"
38 Dockworker's org.
40 Sailor's agreement
41 Across, in verse

50

Across

1 Tokyo carrier, initially
4 Bic filler
7 Cone head?
10 Burma's capital city for nearly five centuries
11 "___ lied!": 2 wds.
12 Hit on the head, casually
13 It can keep the sun out of a room: 2 wds.
16 Adulterate
17 Company known for its Wienermobile: 2 wds.
21 "Heroes" villain
22 French story
23 Duct opening?
24 Aries is one
25 Commemorative award
28 Frederick ___, Chemistry Nobelist (1921)
30 Spectator who can describe what happened
32 Break down: 2 wds.
33 Coat (fruit) with sugar
38 Org. whose members often strike
39 Erstwhile MTV countdown program, initially
40 Member of the family Felidae
41 Q–U fillers
42 Nincompoop
43 Staff in a mess?

Down

1 Bone in an archaeological dig
2 Prefix with culture
3 Overwhelming majority of votes in an election
4 Map line
5 Peacenik's phrase: 2 wds.
6 2014 Sarah Bolger and Emily Osment movie: 2 wds.
7 Govt. agency once headed by Steve Preston
8 Visibly agree
9 Reveal, in poetry
14 Prefix with -gon
15 Miami basketball team
17 Yiddish "Yipes!": 2 wds.
18 Tape alternative
19 "Holy cow!"
20 ___ Martin (cognac)
21 Approximately
26 Cobblers' tools
27 Ray of "GoodFellas"
28 Fishhook attachments
29 Eye, in Ypres
31 Ivan and Nicholas
33 Revival producer?: inits.
34 Barry Sanders, John Riggins, etc.
35 China's Sun ___-sen
36 Cook in the microwave
37 U.F.O. users

51

Across

1 Humble
6 "Air Music" composer Ned
11 Apple juice brand
12 Poet Dickinson
13 Excellent person or thing (with "the"): 2 wds.
15 High class?: abbr.
16 ___ the Hero, wizard in "Harry Potter and the Half-Blood Prince"
17 Cockpit abbr.
18 Anderson, former host of "Family Feud"
20 ___ vu
23 "Ain't That Just the Way" singer Lutricia
27 Changing digits
29 Extreme fear
30 Bills often put into vending machines
31 Give ___ (care): 2 wds.
33 Basis of some divisions
36 Hagen of Broadway
37 ___ an der Thaya, Austrian town
40 Metal grid that prevents animals escaping: 2 wds.
43 One-time TV workers' union
44 Jackie's predecessor
45 "Alas …": 2 wds.
46 "A Delicate Balance" playwright

Down

1 Ramblers, Gremlins and Hornets, initially
2 Tusked animal
3 Bar members, briefly
4 Aves.
5 City in southern Finland
6 Feel great delight
7 Grandma: Ger.
8 Terza ___ (Italian verse form)
9 Ben-Gurion arrival: 2 wds.
10 Game where you search for red or blue pages
14 Foreshadow
18 "Like Water for Chocolate" author Esquivel
19 2000s scandal subject
20 "___ & the Women" (Richard Gere film): 2 wds.
21 Wide shoe size
22 Dad's namesake: abbr.
24 "… ___ Berliner"
25 Hydrocarbon suffix
26 T-shirt sizes: abbr.
28 Like some furniture
32 Molten rock
33 Berry in some energy boosters
34 Pike piercer
35 Kin of -trix
37 Dish served with jelly
38 Racer Luyendyk
39 Chick follower?
41 Singer's syllable
42 Suffix with intellect

52

Across

1 Idled
4 France's high-speed rail service, initially
7 Aviation prefix
8 Mouths, anatomically
9 "There but for the grace of God ___": 2 wds.
12 Uncle, in Madrid
13 Hole in the head?
15 Not mine
17 Mythical cave-dweller
18 Erase: 2 wds.
20 Org. involved in the Scopes Trial
21 Written communications: abbr.
22 Tres y tres
23 Drop in on
25 Scratch (out)
27 MapQuest offering: abbr.
28 Danish fighting force
30 "Climb ___ Mountain" (song from "The Sound of Music")
32 88 days, on Mercury
33 Believers in a nonintervening god
36 Cock-a-hoop
38 Area of South Africa, KwaZulu-___
39 Corroded: 2 wds.
41 "Awesome!"
42 "Ben-___" (1880 novel)
43 ___-Ray discs
44 Lobster coral
45 Memorize lines and hit the stage
46 Clairvoyant's ability, initially

Down

1 Debaucher
2 Second-grade sequence, initially
3 Rabble-rouser
4 Shaved crown of a monk's head
5 Miracle ___
6 Brobdingnagian
9 Where to buy food and household supplies: 2 wds.
10 Like some old lamps: hyph.
11 Treat cruelly: hyph.
14 They often precede las
16 Decay
19 Expressed disapproval
23 Dentist's request: 2 wds.
24 "Are you" in Spain: 2 wds.
26 Equalize: 2 wds.
29 "... ___ saw Elba": 2 wds.
31 Estuary
34 Daedalus' nephew
35 "The sweetest gift of heaven": Virgil
37 Ladies' sports org.
40 RN's forte

53

Across

1 ___ d'art
6 Strand, in a way: 2 wds.
11 "The Wreck of the Mary ___"
12 "Slow down, it's not ___": 2 wds.
13 Rodrigo Díaz de Vivar: 2 wds.
14 Adamant refusal: 2 wds.
15 Some sportswear
16 Pass up: 2 wds.
17 Psychiatrist's appt.
18 Clothes, in old slang
19 Bolivian president Morales
20 Oral polio vaccine pioneer Albert
23 Pronounce clearly
26 In the high 80s: 2 wds.
27 Initials at sea
29 Control one's dog or appetite
31 "___ my peas with honey…": 2 wds.
32 Now, in Spain
34 Spenser's isle
35 Grab for clumsily: 2 wds.
36 One-handed basketball shot
37 Altercation: hyph.
38 Get ready to pop the question
39 City in Parker County, Texas
40 Pathway to the altar

Down

1 Danish port on the island of Fyn
2 Trust in
3 "Running on Empty" and "Doctor My Eyes" singer: 2 wds.
4 Enemies of the Iroquois
5 Knight and Danson
6 Fleming and Ziering
7 Republic in the Balkans
8 1952 single by Eddy Arnold: 4 wds.
9 Cake cover
10 Pianist Peter and family
20 Long-running variety show letters
21 Prefix with pressure
22 Doubly
24 Read the riot act to
25 Common temple name
28 Piece of metal shot into paper
29 "Broadway Bill" director, 1934
30 Company with orange-and-white trucks: hyph.
31 Tehran resident
33 Periodic table fig.: 2 wds.
34 Actress Chase

54

Across

1 Bohemian
5 Matters of taste
11 "Psycho" actress Miles
12 Absorbed
13 Baltic feeder
14 Chocolate chip, e.g.
15 Skill in hunting, fishing or camping, e.g.
17 Ginnie ___
18 Married ladies of Spain: abbr.
21 It takes four jokers to play it
25 Fripp & ___ ("No Pussyfooting" collaborators)
26 Trim
27 Sling mud at
29 Tsp. or tbsp.
30 Comeback
32 "¿Quién ___?" ("Who knows?")
34 Hair raiser?
35 No longer needed or useful
40 Ancient Greek gathering places
42 "___ Did It Before (Same God)" (Tye Tribbett song): 2 wds.
43 Plovers named for their call
44 Japan's first capital
45 Actresses Estevez and Zellweger
46 Ending for kilo or kisso

Down

1 Acknowledge
2 Completely fix
3 BlackBerry rival, once
4 Outdoor laborer
5 Something only a handful of people know
6 Wild ox of Sulawesi
7 Univ. lecturers
8 Acorn producers
9 Tech. school on the Hudson R.
10 Canonized Fr. woman
16 One checking out a place in planning a crime
19 Biol. subject
20 Bitter
21 Spreadsheet pros, initially
22 First word of the "Aeneid"
23 Rich dark color: hyph.
24 Colorado ski resort
28 Architectural feature
31 "Dunno": 2 wds.
33 Bone-chilling
36 See socially
37 From a remote location
38 Racing org. formed by Wally Parks in 1951
39 Bulls or Bears
40 Truth in Lending no.
41 Plow horse command

55

Across

1 Lousy
4 Area of a circle = ___-squared: 2 wds.
7 German's outburst
10 Biblical judge
11 ___ few rounds: 2 wds.
12 Ship's plea, for short
13 Kettledrums
15 901 in old Rome
16 Normandy town nearly destroyed in 1944: 2 wds.
17 "It's ___ thing" (easy winner): 2 wds.
19 Fluctuates wildly: hyph.
21 Pension plan law, initially
23 Bernard Malamud's baseballer in "The Natural": 2 wds.
25 Consumer protection agcy.
28 Charge
29 Iris's place
30 Improbable story: 2 wds.
33 Eastern Christian
34 Future attys.' exams
38 "___ in the Dark" (Pink Panther movie): 2 wds.
40 Blackthorn
41 Toronto's prov.
42 Not changed in one's purpose
44 Ed.'s request
45 Diploma word
46 Form of "to be"
47 Medit. country
48 "Quietly Brilliant" phone company letters
49 Grammar-school trio, initially

Down

1 "Friday the 13th" star Palmer
2 Supreme Court justice Samuel
3 In the half-light
4 Links letters
5 New Rochelle, New York college
6 Make a noisy disturbance: 2 wds.
7 Give credit to
8 Manages to acquire: 2 wds.
9 Chu-___ (legendary Confucian sage)
14 Indigent
18 Tail: prefix
20 Patsy: 2 wds.
22 Peer Gynt's mother
24 Approving vote
25 A.C. measure
26 Insane, informally
27 Small swelling on the skin
31 ___-di-dah (pretentious)
32 Gas acronym
35 Architect ___ Aalto
36 "___ is human ...": 2 wds.
37 Exodus commemoration
39 Threaded fastener: hyph.
41 "Fire Make Thunder" band
43 2100, in old Rome

56

Across

1 Elvis Presley hit "In the ___"
7 Sports franchise est. in 1983
11 Cavalry member
12 Earth goddess
13 Spring rain: 2 wds.
15 R.R. stop
16 Squeeze
17 Italian monk
18 Prince album "___ the Times": 2 wds.
20 Parisian cops, slangily
22 Middling mark
23 Alabama, Alaska or Arizona
24 Person's "equator"
26 Café cup
28 Inactive U.S.A.F. org.
31 Annual awards show first hosted by Dennis Miller
32 Piano part
34 Former name of FandangoNow: hyph
35 "___ was saying …": 2 wds.
37 Brit. award
38 Abandon an activity or venture: 3 wds.
41 Colleague of Dashiell
42 Clout
43 Heroic poem
44 Guinea pig

Down

1 Tumbler
2 Relating to touch
3 Madden
4 Cable giant, once: inits.
5 Prefix with logical
6 Ural River city
7 "The Fugitive" playwright Betti
8 Considered it correct (to do): 2 wds.
9 Like some competitors
10 "___ Theme" (tune from "Doctor Zhivago")
14 Tests by lifting
19 Full of current events, like a website
21 Starbucks order
23 German pronoun
25 Very, in music
26 John Irving hero: inits., 2 wds.
27 Moon-landing name
29 Person dependent on a drug
30 Building with thick walls and battlements
31 Host
32 Arouse, as anger
33 Also-ran
36 Bank acct. report
39 Aix-___-Bains (French commune)
40 Letters on aircraft carriers

57

Across

1 Start with boy or girl
5 "Glengarry Glen Ross" star
11 T.A.'s boss
12 "Same here!": 3 wds.
13 Bull: prefix
14 Hanson hit
15 Doodler's aid: 2 wds.
17 Winnie-the-Pooh's creator
18 Go back on a deal
21 "Schindler's ___"
25 It may finish second
26 Stan who created Spider-Man
27 "Need You Tonight" band
29 Mayim who played TV's "Blossom"
32 Continental currency
34 Eloquent
39 Soon: 3 wds.
40 Verb for Tweety
41 Choir section
42 Czech river that is an Elbe tributary
43 Mystery-crime movie of 2000, starring Emily Watson
44 Doesn't fold

Down

1 Many N.Y.C. homes
2 Ford Explorer Sport ___
3 Go on the road
4 Design for a mountain cabin: hyph.
5 Inflamed spot on the skin
6 Jingle creator
7 Drive
8 "Could ___ Magic" (Barry Manilow song): 2 wds.
9 Koh-i- ___ (famed diamond)
10 Alley-___
16 Animal that provides bacon
18 Style of music, a fusion of Arabic and Western elements
19 South extension
20 Greek goddess of night
22 Harm
23 Tre + tre
24 William Shatner title drug
28 Thresher shark: 2 wds.
29 Window-shop
30 Ending for excels or exter
31 The way things currently stand: 3 wds.
33 Holding areas for babies-to-be
34 Dilly
35 Indian princess
36 Four six-packs
37 Bide-___, golf course founded by Chandler Harper in Portsmouth, VA: hyph.
38 Written communications: abbr.
39 Old inits. in tele-communications

58

Across

1 Fiesta Bowl site
6 Scene of W.W. I fighting
11 Less cordial
12 Tennis player John
13 Mexican silverwork center
14 Tender-hearted soul, informally
15 Otto I's realm, for short
16 Poet Siegfried
18 J.F.K. advisory
19 Dr. Seuss's Sam-___: 2 wds.
20 Carpet
21 One who owes
23 Quintillionth: prefix
24 First name in horror
25 Capote onstage
26 Fruity coolers
28 Half-human, half-Betazoid "Star Trek" character Troi
31 101 instructors, briefly
32 Wichita's state, briefly
33 Aviation prefix
34 Dispatches again
36 Twitch
37 Very slightly: 2 wds.
38 Clyster
40 Adventurous tale
41 Prussian lancer
42 TV actress Georgia
43 John of "Miracle on 34th Street"

Down

1 Gave 10% to the church
2 Card game for two
3 Thing that has both good and bad features: 2 wds.
4 Chest muscle, for short
5 Shoreline problem
6 The Divine ___ (Bette Midler nickname): 2 wds.
7 Those, in Guadalajara
8 By bad luck
9 Leave: 2 wds.
10 Sea holly
17 Swiss river
22 Fros' mates
23 Faint constellation next to Scorpius
25 Become nervous or uneasy: 2 wds.
26 Disappear without ___: 2 wds.
27 Evil spirit: var.
28 June honoree
29 American painter of sports scenes
30 Esoteric
32 Prepare to propose
35 Quart ending
39 FDR home loan org.

59

Across

1 Look
5 Moniker for Mussolini: 2 wds.
11 Evangelical Roberts
12 Warm-blooded creature
13 Words on a monument, briefly
14 In a formal, proper manner
15 Fervent supporter of a person or institution
17 Receiver Collinsworth or Carter
18 Former WBA world champion Brandon
22 Marked by great enthusiasm: hyph.
24 Chichén ___ (Mayan city)
25 ___ standstill: 2 wds.
26 Tiny, in Edinburgh
27 Word before gras
29 Baseball family name
32 Course
33 Fullness of flavor
34 Extremely idealistic
38 Laughable
41 Coach Houston
42 Digestive enzyme
43 1982 Disney film
44 Seedy, disreputable
45 Lennon's in-laws

Down

1 Dirt
2 Cube creator Rubik
3 Large and comfortable seat: 2 wds.
4 Celtics head coach after Chris Ford: inits., 2 wds.
5 Like a mischievous child
6 Unseen "Mary Tyler Moore Show" character
7 One of the Brothers Karamazov
8 "Lemme think…"
9 "Silent" president, familiarly
10 Tarzan portrayer Ron
16 "Weetzie Bat" author Francesca ___ Block
19 Hit song for Diana Ross: 3 wds.
20 "___ of Oz" (L. Frank Baum novel)
21 Coal-rich German region
22 Huck and Jim's escape vehicle
23 Put ___ in (test the water): 2 wds.
28 Typesetter's unit: 2 wds.
29 Bore
30 Bagel topping
31 Tooth: prefix
35 Bears: Lat.
36 "Was ___ harsh?": 2 wds.
37 Egg holders: abbr.
38 Smith and Gore
39 Life, briefly
40 Apr. season

60

Across

1 Olympic event for one or two
5 Skewered meat
10 Grand Ole ___
11 Drive
12 "___ she blows!"
13 Eastern royals
14 Various
16 Suffix with cannon
17 Mouth: prefix
18 Demonstrative pronombre
19 Code word
20 Object worshiped for its magical powers
22 Kenny Chesney has won a lot of these: inits.
23 Ancient jar used to hold oil or wine
25 Start of a virtual address
27 Draw out
30 Uris hero ___ Ben Canaan
31 551, in Ancient Rome
32 High-ranking royal: inits.
33 1957 Physics Nobelist Tsung-___ Lee
34 Displaying strong feelings
36 Impenetrable equatorial forest
38 Have ___, imbibe: 2 wds.
39 Turkish hostel for pilgrims
40 Italian artist Guido
41 Toast in Seville
42 U.S.M.C. rank

Down

1 Many: 2 wds.
2 Soulive album of 2009: 2 wds.
3 Attractive type of force
4 Rochester's Jane
5 Eucalyptus muncher
6 Ending for pot or sat
7 Loaf makers: 2 wds.
8 Sloth
9 Harasses
11 Protector for a motorcyclist: 2 wds.
15 Plaintiff's opposite, briefly
21 Trickster
22 ___ de coeur
24 Mix
25 Pilgrims to Mecca
26 Kind of center
28 "Last Night in Twisted River" author John
29 Hell, literally: 2 wds.
31 Struck out: abbr.
35 Sea dogs
37 Soviet mil. intelligence org.

61

Across

1 Econ. yardstick
4 "There's no ___ T-E-A-M": 2 wds.
7 Big inits. in trucks
10 Stinger
11 President before JFK
12 W.W. II agcy. 1941–7
13 Baked dessert
15 Mex. and Uru. are in it
16 Pour ___ troubled waters: 2 wds.
17 Wyo. neighbor: 2 wds.
18 Contemptible sort, slangily
19 Late cartoonist Alex
21 Trifle
22 Containing some unclean substance
25 "Lord, is ___?" (Last Supper question): 2 wds.
26 Greek H
27 Door sign
28 Make another identical version
30 Bear, in Bolivia
31 Snow-___ (winter vehicle brand)
32 Body part that might be mopped
33 Suffix with symbol or satan
35 French farewell
37 Get
38 Wash-and-wear: hyph.
40 Count Basie's "___ Darlin'"
41 Put in
42 Calculator feature, initially
43 Fruity quencher
44 Last Greek consonant
45 No negator

Down

1 Literary monogram
2 Cause to explode
3 Arrangement of elements by atomic number: 2 wds.
4 "___ Anything" ("Oliver!" song): 2 wds.
5 They help establish who people are: 2 wds.
6 First word of Dante's "Inferno"
7 In a genial way: hyph.
8 Gp. that gives out PG-13s and NC-17s
9 Wine holder
14 Last, for short
17 NASCAR sponsor
18 Brouhaha
20 Medical suffix
23 Practical ingenuity
24 Adequate, once
26 Govt. arm involved in green issues
29 The Magic, on some scoreboards
32 Marcel Marceau character
33 "Out ___" (Red Hot Chili Peppers song): 2 wds.
34 Muslim tribal chief
36 Actress Conn of "Benson"
38 Touch lightly on the water
39 Multiples of three feet: abbr.

62

Across

1 Became angry: 2 wds.
7 Desert garments
11 At a minimum: 2 wds.
12 "___ Marlene" (W.W. II song)
13 Tightly sealed containers: 2 wds.
15 Skier's transport: hyph.
16 Walkman batteries, e.g.
17 Device with moving parts
21 Japanese vegetable
22 Widows' shares
25 Without atomic weapons: hyph.
28 Nastier, slangily
29 T or F, on exams: abbr.
30 Rough-coated terriers
33 Slowing, in mus.
35 "Victory is mine!": 2 wds.
36 Back and forward motion in a rifle: 2 wds.
41 Palm product
42 Pull out of a contract
43 River that feeds the Ubangi
44 Losing moisture

Down

1 St. leader
2 Mouths, zoologically
3 "Showtime" alternative, for short
4 Impudence
5 Island in the Caribbean
6 Ask for money for helping solve a crime: 3 wds.
7 ___ grecque (cooked in olive oil, lemon juice, etc.): 2 wds.
8 Having two chambers (of a legislative body)
9 ____-Seltzer
10 Puncture sound
14 Earlier in time
17 1936 Pasteur portrayer Paul
18 P.T.A. concern: abbr.
19 Small grey Australian parrot with a yellow-crested head
20 Personal ad abbr.
23 1968 Peace Nobelist Cassin
24 Meeting: abbr.
26 Year in Claudius's reign
27 Hair-raising
31 Carrot cutter
32 Champing at the bit
33 Certain string of letters
34 "___ pastore" (opera by Mozart): 2 wds.
37 Female in the forest
38 Sundial number
39 Canadian TV channel, initially
40 Where black is white, briefly

63

Across

1 Go over again
8 Longest river in Scotland
11 Santa Claus in the 2003 comedy "Elf": 2 wds.
12 Richmond to Norfolk dir.
13 Basic freedoms to which all people are entitled: 2 wds.
15 Vinegar: prefix
16 Oldsmobile model
17 Actress Arthur and others
18 "In ___ and out the other": 2 wds.
19 Fast plane, for short
20 Not subject to change
21 Wide receiver Lynn of Steelers fame
22 "Godfather" portrayer: 2 wds.
24 N.F.L. stat: abbr.
27 Lake ___, Ariz. (current home of the former London Bridge)
28 Fifth-century pope who was canonized: 2 wds.
29 Author Segal
30 ___ and aahed (expressed amazement)
31 Disney character: 2 wds.
33 Earliest colonist?
34 Dirtbag: hyph.
35 T-shirt sizes: abbr.
36 Twisting of shape or position

Down

1 Clinics, in short
2 Brings out
3 Attacked: 2 wds.
4 Exams for future attys.
5 "Aint ___ Hurry" (Jorma Kaukonen album): 2 wds.
6 Mal de ___
7 Musician with the 1974 album "Here Come the Warm Jets": 2 wds.
8 Tittered: hyph.
9 Off
10 "Is that a ___ a no?": 2 wds.
14 Gather gradually
18 Hokkaido port
20 Most elegant and fashionable, to a Brit.
21 Nosh
22 Audacious
23 Bounces
24 Violinist Menuhin
25 Possible rebuttal in a childish argument: 2 wds.
26 In profile: hyph.
27 Pertaining to blood
28 Kooks
30 "The Rubáiyát of ___ Khayyám"
32 ___-hoo (chocolate drink)

64

Across

1 Sound of Seattle
6 Belief in a non-interventionist god
11 "Me, too": 3 wds.
12 Disentangle
13 Fox comedy show: 2 wds.
14 Last-minute greeting: hyph.
15 Sta-___ fabric softener
16 Former California fort
18 52, in old Rome
19 Immigrant's class, familiarly
20 "___ Na Na" (1970s musical series)
21 Co. name ender
22 Martha in denture ads
24 "A-OK to launch": 3 wds.
26 Railroad signal flare
28 Declines: 2 wds.
31 "Well, Did You ___!" (Porter classic)
35 River that forms part of the
   Paraguay-Brazil border
36 IJK followers
38 She, in Lisbon
39 Calligrapher's purchase
40 Wide shoe width
41 Guitarist Paul
42 Cell phone company
44 Slimy substance
46 Former little kids
47 Ground
48 Fergie, formally
49 Appeared

Down

1 Baby
2 Patriotic chant: 2 wds.
3 Creature that bites livestock
4 911 responder, initially
5 Certain television recorders
6 Stamp in a book: 2 wds.
7 Bus. letter abbr.
8 Country with the
   cities of Roma
   and Milano
9 Being the father
   of (as a stallion)
10 DOC
17 Horizontal plant
   stem with shoots
   above and
   roots below
23 Two in coffee
25 U.S. National
   Anthem's
   fifth word
27 Set free
28 Canonized
   people
29 Sleep problem,
   to Brits
30 Chatterbox
32 Nylon fabric used
   as a fastener
33 Native Alaskans
34 "What ___ Got"
   (Carly Simon
   song): 2 wds.
37 Greek valley
   where games
   were held
43 Once ___ lifetime
   opportunity:
   2 wds.
45 Old Mideast inits.

65

Across

1 Early baseball Hall-of-Famer ___ Rixey
5 Classify
11 Decree
12 Chinese-American virtuoso cellist: hyph., 2 wds.
13 "Click ___ ticket" (NHTSA campaign): 2 wds.
14 Edible nut
15 Kind of truck
16 King of Kings
17 Flip one's lid?
19 Variety of poisonous snake
23 W.W. II org. 1941–7
24 Campaign sign word
25 Afrikaners' village
27 Classes
28 Port in southeast Iraq
30 Letter that appears twice in the Schrödinger equation
31 Eddie's "Coming to America" role
32 Refine
35 Al ___, jazz trumpeter
37 "I thought this'd be helpful," briefly
38 Relinquish
41 Actress Ryan of "General Hospital"
42 At the very moment when: 2 wds.
43 Germany's ___ Valley
44 Abounding in trees
45 Hosp. staffers

Down

1 Verdi aria sung by Renato: 2 wds.
2 Feign: 2 wds.
3 Farm worker
4 Gas: prefix
5 Indian nanny
6 Comfort
7 System of emblematic representations
8 Tic-tac-toe line
9 Ford's predecessor, initially
10 Wee bit
16 ___ crossroads: 2 wds.
18 Anticipate with dread or anxiety
20 Plan of an area with shading and contour lines: 2 wds.
21 Comic strip cry
22 U.S.N. officers
25 Trading under the name of, initially
26 Desk wood
29 1000, 500 and 3000UX, e.g.
30 Nev. clock setting
33 "Crossbow" star Will
34 Levels
36 Far from bleak
38 Handful
39 Ab ___ (from day one)
40 Old Olds
41 New American's course letters

66

Across

1 Area of 640 acres: abbr., 2 wds.
5 Peak or tip: prefix
9 Prefix with surgery or transmitter
10 Additional
11 Expect
12 Underground network
13 "___ Rosenkavalier"
14 Pres. appointee
16 Iowa college
17 "___: Deadliest Roads" (reality TV series)
18 ___ generis (unique)
19 Former Boston Bruin Bobby
20 "___ Death" (from Peer Gynt Suite No. 1)
22 It's a wrap
24 Two-wheeled Asian vehicle
26 Fire remnant
27 URL starter
30 Snow, to Burns
31 ___-di-dah
33 Ample shoe width
34 Submissions to an editor: abbr.
35 Suffix for señor
36 Cable channel with the citizen journalist iReport section
37 "Get me ___ here!"
39 Title for an earl or baron: abbr., 2 wds.
41 Dimin.'s musical opposite
42 Reflecting light
43 The Galloping Gourmet Graham
44 Ballyhoo

Down

1 Rat residences
2 Military procurement officer
3 3D exam
4 Scintillas
5 ___ Z: 2 wds.
6 Piece in a cookie: 2 wds.
7 Ripped again
8 Figure skater Brian
9 Boulanger or Comaneci
10 Goes round the Sun, e.g.
15 Aquatic rodent
21 Bro or sis
23 "Now I get it!"
25 Abdominal cavity
26 Check
28 "Bad reception" in CB radio code: hyph.
29 One-cent coin, informally
30 Painter's protection
32 Grating
38 Dungeons & Dragons game co., initially
40 "Honor ___ father"

67

Across

1 Some transmittable files, initially
5 Plato, for one
11 Fit for the job
12 French exclamation of surprise: 3 wds.
13 Association
14 Advantages
15 Ending for opal or fluor
16 Word meaning "born" seen in wedding announcements
17 ___ the boards (acted)
19 ___ opera (daytime show)
23 Brave and persistent
26 Cold call?
27 "Lady ___ Train" (1945 film): 2 wds.
28 "So there you are!"
29 Lucky Roman number?
30 Simple sack
31 Exceptional courage when facing danger
33 Chemical suffixes
35 Prefix for bite or taph
36 Daughter of Loki, in Norse myth
38 Currency named for a continent
41 Conductor Toscanini
44 Suffixes of origin
45 Milk-derived
46 Detrained, say
47 "Jack Reacher: Never ___" (Tom Cruise movie): 2 wds.
48 Sandberg of baseball

Down

1 Clip
2 Sluggers' hits: abbr.
3 Go up and down irregularly
4 Belmondo's "Breathless" costar
5 Nonstop: 3 wds.
6 ___ Logan, "The Bold and the Beautiful" character
7 Someone ___ (not yours)
8 Skater Babilonia
9 Vintage
10 ___ Strait (Canadian waterway named for an explorer)
18 Anticipatory cry: hyph.
20 Unmistakably
21 Onassis and Emanuel
22 Governessy
23 12 in Tarragona
24 "___, U of K" (college fight song): 2 wds.
25 Auld lang syne
32 "In ___ and out the other": 2 wds.
34 "...a boy who never would ___ door": 2 wds.
37 Clapton who sang "Change the World"
39 Horse halter?
40 Bone in comb. form
41 High school subj.
42 Indian P.M., 1991–6
43 Elvis Presley's band, initially

68

Across

1 Santa ___, Calif.
5 Sony product, e.g.: abbr., 2 wds.
9 "Dead Again" costar Derek
11 Architect Saarinen who designed the TWA Flight Center at JFK
12 Common tie score, in baseball or soccer: 2 wds.
13 Merganser relative
14 Time Warner spinoff
15 Hard to pin down
17 Where Eagles battle Cardinals, initially
18 Indy letters
19 Peruvian coin
20 Pugnacious sort: hyph.
23 Sends to perdition
24 Historical tax levied on documents: 2 wds.
28 1999 AT&T purchase
29 Common Mkt., once
30 W.W. I military group
32 Burma-born author with a famous pen name: 3 wds.
34 Farm call
35 Give free ___ to (allow to go unchecked)
36 Do some stationery design
38 "Now ___ expert, but ...": 2 wds.
39 Mississippi River discoverer: 2 wds.
40 Throws (a baseball) hard and low
41 "Ring Around the ___"

Down

1 Vamoosed: 2 wds.
2 Peacock's tail spots
3 "___ man walks into a bar...": 2 wds.
4 Merchant sailors: 2 wds.
5 Dame of the piano
6 Existence ender
7 "Starlight Express" director Nunn
8 I or O, for example
9 ___ of Arc
10 Grumpy: hyph.
16 One who makes good progress: hyph.
21 Nutrition amt.
22 Lone Star State school letters
24 Big plan
25 Measuring the duration of
26 Subjects too sensitive to discuss
27 Frothy
28 Sap-sucking fly
31 Burkina ___
33 Ones in Madrid
37 Grp. directed by Andris Nelsons

69

Across

1 Opening run
5 "King of Country" singer George ___
11 Radar's favorite beverage
12 Totally
13 Hole, in France
14 More boiling mad
15 Lacking decency
17 Dehydrates
18 W. hemisphere grp.
21 Crackers
23 ___ couture
25 Others, in Latin
26 Posts: abbr.
27 Johnny ___, "Key Largo" gangster
29 Kiddie lit character Dinsmore
30 Wall St. purchase
31 Play a golf shot that's less than the possible distance: 2 wds.
33 Narrowly defeats: 2 wds.
36 Drivel
39 Retail furniture chain
40 "You're going to love my gift!": 2 wds.
41 Grassy plain in southern Africa: var.
42 For each one
43 Chemical endings

Down

1 Against
2 Grass strip beside a road
3 Oriental tableware implement
4 Substance that causes the body to get rid of excess water
5 Filch
6 Separate the wheat from the chaff
7 Crowd sound
8 Word on the option key on a Mac keyboard
9 Martinique, e.g.
10 Norse war god
16 Suffix with access or audit
18 Candid
19 Abruzzo bell town
20 Mobutu ___ Seko of Zaire
21 Candy buys
22 Gazillions: 2 wds.
24 Characterized by indirect references
28 Famous London theater: 2 wds.
29 Needle hole
32 Striped chalcedony
33 German article
34 Congo river
35 Youngsters, so to speak
36 Insurance assessors' org.: inits.
37 PC program
38 It's made of flowers in Hawaii

70

Across

1 Churchill Downs event
6 "Für ___" (Beethoven work)
11 Organic compounds
12 Coolers of drinks
13 Grant made to a student
15 Lower corner of a sail
16 Female hare
17 Sock grouping
19 Some flashlight batteries
22 Strip that divides a highway
25 Old Fords, sometimes
26 One who commits an illegal act
28 "The Morning Watch" author
29 "Dallas" family
30 Happy ___ lark: 2 wds.
31 ___ Gailey of "Miracle on 34th Street"
32 1,051, to Nero
33 Resort town northwest of Los Angeles
37 Heedful of potential consequences
41 Shady sort
42 Handle: 2 wds.
43 "The Party's Over" composer Jule
44 Infamous energy company

Down

1 Fam. tree member
2 Bottom-of-letter abbr.
3 Architect Mies van der ___
4 Tube through which darts can be shot by puffing
5 Designer monogram under the Gucci label
6 It may get you to first base
7 Get checkmated
8 Self-identification in Stuttgart
9 Aspen runner
10 Creepy claim, initially
14 Temporarily: 2 wds.
18 Tooth-doctors' org.
19 Abbr. before a name on an envelope
20 "Me and You and ___ Named Boo" (Lobo song): 2 wds.
21 Pol. divisions prior to 1991
22 Film rating org.
23 Instrument used to examine the brain, initially
24 "Shades of Blue" actress de Matteo
25 Exposed: 2 wds.
27 "Concord Hymn" writer's monogram
31 Stroke of luck
32 Shoe seller Thom
34 Hoot
35 Part of a Spanish play
36 "Let's Get ___" (Marvin Gaye song): 2 wds.
37 Markup language descriptor, initially
38 Bank acct. entry
39 "Curious George" author
40 Carlsbad to San Diego dir.

71

Across

1 Singer Dylan
6 Ovine utterance
9 First character to say "May the Force be with you"
11 Suffix with arbor or app
12 Join, redundantly: 2 wds.
14 Abbr. between a first and last name, maybe
15 In addition
16 Hosp. area
17 Shade of gray
18 Yearbook sect.
19 One of two held by a mountain athlete: 2 wds.
21 Partook of
22 One, in Vienna
23 Lack of equilibrium between things
26 Put down
27 Lab eggs
28 Impose (upon)
30 S.P.C.A. part: abbr.
33 Keats's "Ode ___ Nightingale": 2 wds.
34 One of 100: abbr.
35 Spanish article
36 It has a certain ring to it
37 Bicycle messenger, e.g.
39 Big picture: abbr.
40 Child's wish for Christmas: 2 wds.
41 Two after FDR
42 Bar orders

Down

1 Outback babies
2 Li'l one
3 Caribbean isle St. ___
4 Have to pay back
5 Person who makes and serves coffee
6 ___ acid, food preservative
7 "It's Too Late Now" autobiographer: inits., 2 wds.
8 Dress styles: hyph.
10 Kids' TV network
13 Rapa ___, native Polynesians of Easter Island
20 Transportation secretary under Clinton
21 Short form, for short
23 Like some flights
24 Liable to change
25 Iggy Pop album of 1999: 2 wds.
26 Drunken
29 The Trojans of the N.C.A.A.
30 Retinue
31 ___ the other: 2 wds.
32 Grant and Elwes
38 "Self-Reliance" author's monogram

72

Across

1 H.S. subject
5 Warn (someone), as a lion might: 2 wds.
11 Clean-out-the-fridge indicator
12 Lay away
13 Inspiration source
14 Tribunals
15 Name in a Salinger title
17 Above
18 Sprint Cup Series gp.
20 Luck, in Ireland
21 Nepalese peak
22 House and club/dance music group ____-Lite
24 Tennis court barrier
25 HMO staff
26 National Gallery architect
29 Faction
30 N.S. clock setting
31 Winslet of "Titanic"
34 In a relaxed fashion
36 "Last Essays of ____," 1833
37 Oil meas.
38 A Guggenheim Museum location
40 Hydrating cream brand
43 Big name in skin care products
44 Prefix with hertz
45 Ornament, embellish
46 "The Carpetbaggers" actress Martha

Down

1 Frequent URL ender
2 Soccer's Freddy or Fro
3 Goes postal
4 Dimin.'s musical opposite
5 Encyclopedia, e.g.: 2 wds.
6 Japanese Beatle?
7 Vanish without ____: 2 wds.
8 Beat
9 Tracers, bullets, etc.
10 Recipe amts.
16 Sierra ____, mountain system
18 Bread served with saag aloo
19 Big bruiser
23 Abbr. on a cornerstone
26 Fabric with a swirled pattern of curved shapes
27 New U.S. resident's course, initially
28 Suffix with theatrical or vulgar
29 Navy constructor
31 Shish ____
32 In existence
33 Like bathroom floors
35 Slow-moving mammal
39 South African political party, initially
41 It can follow you but not me
42 Tasha ____, Denise Crosby's "Star Trek" role

73

Across

1. 1974 Donald Sutherland/Elliott Gould movie
5. Within one's powers
11. Oak or hickory
12. 20 Questions category
13. Savvy Shields or Betty Cantrell, e.g.: 2 wds.
15. Something just waiting to go off: 2 wds.
16. Enjoying a series of successes: 3 wds.
20. "The Day the Earth Stood Still" star Reeves
24. Dapper
25. Cruel person
26. Jean or Deborah
27. Judges' seats
29. Charter
30. Record label of CeeLo Green
32. Washes and irons (clothes, etc.)
37. Absolute, out-and-out
40. Like guests at home: 2 wds.
41. Peloponnesian portico
42. San Diego State University's team name
43. Corn holder

Down

1. Bank acct. report
2. Toyota hybrids
3. Backwoods affirmative: 2 wds.
4. Mobutu ___ Seko of Zaire
5. Matt of "Jason Bourne"
6. "___, one vote" (old saying about election rights): 2 wds.
7. Mechanical device that operates by compression: hyph.
8. Weight to height ratio, initially
9. Fond du ___, Wisc.
10. Highest note in Guido's scale
14. "___ Ben Adhem" (Leigh Hunt poem)
17. "Cup ___" (1970s Don Williams song): 2 wds.
18. Written communications: abbr.
19. Orpheus' instrument
20. Japanese port city
21. Equal, in Marseilles
22. Gov. Carlson of Minnesota
23. V formation, often
28. Criticism, so to speak
29. Lana of "Smallville"
31. Destroys
33. Short run
34. Latin accusation: 2 wds.
35. Antique autos, initially
36. Pierre's state: abbr., 2 wds.
37. Country south of Can.
38. ___ Percé
39. Crossed one's path

74

Across

1 Zaire's Mobutu ___ Seko
5 Google ___
11 Hip spelling of "cool"
12 Skink, for one
13 Epithet of the mother of Romulus and Remus
14 Loyal subjects
15 Popular adventure game
16 Water___ (flosser)
17 Ball handler?
19 "___ Excited" (Pointer Sisters hit): 2 wds.
23 Scottish skiing surface
25 Be disadvantaged: 2 wds.
27 Cardiff denizens
29 Airborne
30 Live-in helpers from overseas: 2 wds.
32 God, in Italy
33 #1
34 Polite reply from a ranch hand: 2 wds.
36 "___ be my pleasure!"
38 Mug
41 Outfit for baby
44 Pale
45 Pea jacket
46 Upper layer of the Earth's crust
47 Lime Street insurance giant
48 1450, to a Roman

Down

1 Whole alternative
2 Elusive
3 St. Moritz locale: 2 wds.
4 Gladden
5 Elite NFLer: hyph.
6 53 in Roman numerals
7 O.T. book
8 Makeshift windshield cleaner
9 Third numero
10 1960s campus org.
18 Precollege: hyph.
20 Background tune intended to create a particular feeling: 2 wds.
21 Muslim mystic
22 "How to Make an American Quilt" author Whitney ___
23 Applicator
24 Das ___ Testament
26 Enclosure with a MS.
28 Fill a need
31 Actress Winona and others
35 Paroxysm
37 Bound
39 Cousin of a herring
40 Word seg.
41 Florida city, briefly
42 "Regnava ___ silenzio" (aria from "Lucia di Lammermoor")
43 Fair hiring letters, for short

75

Across

1 Muscle twitch
6 Class of organic nitrogen compounds
11 Ban
12 Desserts, to many dieters: hyph.
13 Big turtle of the Amazon
14 "Star Trek: First Contact" actress Woodard
15 Woman whose husband is away often: 2 wds.
17 Hebrew letter: var.
18 Hasbro action figures: 2 wds.
21 Castle for Kasparov
25 Harem chamber
26 Cultivate
27 Like a slick
29 Turn to bone
32 Virtual meeting of a sort
34 Guard
39 ___ Deering, Buck Rogers' romantic interest
40 Mushroom-cloud creator: abbr., 2 wds.
41 Pick up the check
42 Take after
43 Nixon commerce secretary Maurice
44 Receive a ___ welcome

Down

1 Just for men
2 Catherine who outlived Henry VIII
3 "East of Eden" woman
4 Such that: 3 wds.
5 Dessert made of eggs and cream
6 Grant-___: 2 wds.
7 Crumble
8 Dirt, so to speak
9 Neighbor of Swed.
10 Suffix with legal
16 Had existence
18 Bit of baby talk
19 Infamous Amin
20 Tokyo carrier, initially
22 "___ believe in yesterday": 2 wds.
23 Sock-in-the-gut reaction
24 E or G, e.g.
28 Navy enlistee
29 Common flooring wood
30 Unpleasant smell
31 Burn up
33 Mild oaths
34 Scuttlebutt
35 Olive genus
36 Orchard fruit
37 Brand name in an ellipse
38 Ways to go?: abbr.
39 Gym set: abbr.

76

Across

1 Club music genre
7 Senior citizen, to a Brit.
10 Naismith Memorial Basketball Hall-of-Famer John
11 Schoolyard comeback: 2 wds.
12 Grassy plains of Argentina
13 "Push th' Little Daisies" band
14 Bearing
16 Lord's mate
19 Military intelligence agency, initially
20 Plant also known as bugleweed
22 Make laws
26 ___ Circus (where St. Peter was crucified)
27 Set up: abbr.
28 "The Baron in the Trees" author Calvino
29 Saliva, phlegm and mucus, e.g.
30 Egypt and Syria, from 1958 to 1961: inits.
32 Elbe feeder
33 Perfectionist
37 "Barton ___" (Coen brothers movie of 1991)
38 Said "ne'er," e.g.
42 Gambit
43 County in northwestern California
44 ___ point
45 Register: 2 wds.

Down

1 Start to fall
2 Spanish pronoun
3 Engine part
4 Cheerfully unconcerned about the future: hyph.
5 Home of four ACC teams: abbr., 2 wds.
6 Bone: prefix
7 Augury
8 "Hey, wait ___!": 2 wds.
9 Corn ___
11 Arousing a feeling of wonder: hyph.
15 Dirks of yore
16 It's heaven, in Hawaii
17 "I'm leaving on ___ plane...": 2 wds.
18 ___ mater (brain membrane)
21 Drenched
23 "Look ___" (Vince Gill hit of 1991): 2 wds.
24 "The Monuments Men" costar Blanchett
25 Skier's transport: hyph.
31 Like non-oyster months: hyph.
33 Bay Area law enforcement org.
34 One of a Scrabble set's 100
35 "___ Pronounce You Chuck and Larry" (2007 movie): 2 wds.
36 Race met by the Time Traveller
39 Draper of "Mad Men"
40 Easily tamed bird
41 Touch lightly on the water

77

Across

1 High school dance, for short
5 Hold responsible
10 "___ Song Go Out of My Heart" (big hit for Duke Ellington): 3 wds.
11 Kind of down
12 Former way of programing a computer: 2 wds.
14 Patient gp.
15 British verb suffix
16 Tropical fruit, in short
17 Cut
19 Sheep
21 Eric Bana's "Star Trek" role
22 Small, cutesy-style
23 Bibliographical abbr.: 2 wds.
25 Like a ballerina
29 Element ending
31 "To ___ and a bone…" (Kipling): 2 wds.
32 Another name for God
35 Olivia of "The Wonder Years"
36 Whole bunch
37 Kauai keepsake
39 Seven, on a sundial
40 "Shrek 2" character voiced by Antonio Banderas: 3 wds.
43 "Please have ___": 2 wds.
44 Poppy product
45 Have another go at
46 Zaire's Mobutu ___ Seko

Down

1 Fall fast
2 "Lise with a Parasol" and "Girl with a Hoop," e.g.
3 Non-Rx, initially
4 When doubled, a seafood entree
5 Plague
6 Form of ID: abbr.
7 Rhett's last words: 2 wds.
8 Get together
9 Hungarian-born mathematician Paul
10 Apple device
13 Foreigners' class, briefly
18 Auto wheel adjustment: hyph.
20 Classic war story
24 Grade of excellence
26 Horse-drawn frame once used to transport loads
27 Regular patron
28 Self-interest
30 Bearing
32 How some stocks are acquired: 2 wds.
33 Drench
34 Attack
38 Nigerian natives
41 Genealogically-based community service organization, initially
42 Expose, poetically

78

Across

1 "___ in Toyland"
6 Charge
10 Not a child
11 OPEC V.I.P.: var.
13 Large bird with yellow-tipped head feathers: 2 wds.
15 Miracle-___
16 Fine and dandy: hyph.
17 Pinch
18 Entail
20 Chemical ending
21 Those things, in Tijuana
22 All at the same time: 2 wds.
24 Broom ___ (comics witch)
26 Label again, as a computer file
29 Letters for distributing news to Web users
33 Legal org.
34 Kind of case
36 N. ___ (Pyongyang's country): abbr.
37 Sports car of old, initially
38 Divested
39 Loud and shrill: hyph.
42 Ancient colonnades
43 Monte Cristo, par exemple
44 Like the beginning of triathlons
45 Some needles, briefly

Down

1 Plastic "zip-loc" container
2 Bejewels
3 Manufacturer of watches
4 "Ragtime" author's monogram
5 Boost
6 Saturday and Sunday
7 Doctors' org.
8 Of a year in a reign
9 Presidential middle name
12 Medieval musical instrument
14 Short romantic book
19 Labor Dept. div.
23 Vamp Theda
25 Early 20th-century poetry movement
26 Garden tools
27 W.W. II torpedo ships: hyph.
28 Intolerant
30 Be parsimonious
31 "Way of the gods," literally
32 Marsh plants
35 Tallow-soaked cloth on a pole, used for lighting
40 Gave de ___, French river
41 Demure

79

Across

1 ___ Nui (Easter Island)
5 Cartagena currency, once
11 "Chacun ___ goÛt": 2 wds.
12 Egg container
13 Mo.-end document
14 Arizona tourist locale
15 Gas conveyor
17 Work without ___ (be daring): 2 wds.
18 Gets an ___ effort: 2 wds.
22 Insanity
25 Spawn
26 Bar
27 Held on tightly
29 ___ de vie
30 Disbeliever
32 Some community bldgs.
34 Hit flies
35 Touched up
39 Common Russian name
42 Bunuel collaborator
43 Guide
44 ___ out a draw (narrowly avoids defeat)
45 "Who ___?"
46 CDs and LPs

Down

1 Grate harshly
2 Italian wine center
3 Madame de ___, mistress of Louis XV
4 Feeler
5 Assumes for the sake of argument
6 Composed
7 Part of a single or LP: 2 wds.
8 That, in Toledo
9 Get darker
10 Here, in Mexico
16 One-eyed "Futurama" character
19 Nutcase
20 Suffixes with ball and bass
21 Col.'s command
22 Approx. camera flash duration: 2 wds.
23 "I Had ___ When I Came In" (old Irish tune): 2 wds.
24 Upside-down e
28 Youth beloved of Hero
31 Souvenir item: hyph.
33 Fourth canonical hours of prayer
36 Gas used in lasers
37 A.C. or D.C., e.g.
38 Criticize, slangily
39 Makers of Athlon, Duron and Sempron processors, initially
40 ___ Getz ("Lethal Weapon 2" role for Joe Pesci)
41 One way to go, initially

80

Across

1 Purebred pedigree org.
4 Catered gatherings
11 "¿Que ___?" ("How are you?" in Spanish)
12 Race climax: 2 wds.
13 True love, casually: 2 wds.
15 Light: prefix
16 Drops in the morning meadow
17 Wine county
19 Wake Forest women, at one time: hyph.
21 Be indebted
22 Move, briefly
24 Irrational
29 Bounce
30 Gunk
31 1986 Indianapolis 500 winner
34 Band with the 2007 album "Oracular Spectacular"
35 Ending for Sudan or Japan
36 Fix, like a cat
38 Bay of Naples attraction: 3 wds.
43 Fail (to)
44 Vintner's prefix
45 Bewildered: 3 wds.
46 Exactly suitable

Down

1 Convenience store convenience, shortly
2 "Trust in Me" singing snake
3 The Cutty Sark, for one
4 ___-ran
5 Area for users new to a website, initially
6 Tallahassee campus: inits.
7 Lunched
8 ___ Bréhat or Batz: 2 wds.
9 Leveled
10 Gushes
14 Old home loan org.
17 "___ Turn" (traffic sign): 2 wds.
18 Bristle
19 Blood problem
20 Suffix with lag or lamp
22 Train track
23 Immigrant's subj. initially
25 "She" in Portuguese
26 "Lust for Life" singer: 2 wds.
27 Name in Nantes
28 Fooled
31 Isabella, por ejemplo
32 Advantage
33 Andrew Wyeth's "___ Pictures"
34 Lamb's lament
36 Platoon V.I.P.s
37 Agt.'s cuts
39 Building add-on
40 Johnson anti-poverty org.
41 Stephen of the silver screen
42 Bankbook amt.

81

Across

1 Ancient Mexican
6 Experian's former name, initially
9 First name in whodunits
11 Penlight battery, initially
12 "Little" baker of fiction: 2 wds.
13 Suffix with old
14 Belief characterized by dreamy confusion of thought
16 Area next to a bathing facility
18 Quality ___ (hotel chain)
19 Tricky baseball pitch
23 Prefix with meter or graph
26 Beethoven's "___ Joy": 2 wds.
27 Vestibules
29 Period in history
30 Exposed: 2 wds.
33 "The Loco-Motion" singer: 2 wds.
36 A fan of
37 Became charming to, over time: 2 wds.
40 Author ___ Hubbard: 2 wds.
41 Call for
42 Aug. follower
43 Fashion plate's concern

Down

1 Boat mover
2 T-shirt size: abbr.
3 Emergency funds: 2 wds.
4 Gas additive
5 Kind of board
6 "Mon Oncle" star Jacques
7 Actress Martha, et al.
8 Cordial
10 Con men
11 Climb up
15 Prefix with syncratic
16 "Hymne à l'amour" singer
17 "Step ___ pets" (popular palindrome): 2 wds.
20 Prevent from being near: 2 wds.
21 Being, to Berlioz
22 Reddish-brown
24 Heavy woolen cloth used for overcoats
25 Kind of account
28 Long-term military tactic
31 Father-and-daughter Hollywood duo
32 British 1980 Olympic gold medalist Steve
33 Rappers Wayne and Wyte
34 Concerning: 2 wds.
35 Type of roof for a muscle car: hyph.
38 It's well-regulated
39 Phillies and Braves grp.

82

Across

1 Cell phone requirement
7 Some transmittable files, initially
11 Excite
12 Bar mitzvah dance
13 Traditional healer: 2 wds.
15 Financial regulators, initially
16 $1,000 bill, slangily: 2 wds.
17 Part of NCAA: abbr.
19 Dramatic work for the stage
21 102, to a Roman
22 Like some old-fashioned lamps: hyph.
26 It may be smoked
27 "Here ___ Again" (1987 #1 hit): 2 wds.
28 Grandma, to Germans
29 Gave it a try: 3 wds.
31 "Cougars" sch.
32 "Tell ___ secrets...": 2 wds.
34 Knows, old-style
35 Band of eight
38 Troop grp.
40 Having a good effect on the body or mind
44 "___ Dies" (William Byrd motet)
45 Italian province in the Lombardy region
46 Tab grabber's words: 2 wds.
47 Five times six

Down

1 Sean Penn title role of 2001
2 Indignation
3 Infant sponsored by an adult at baptism
4 One night in Paris
5 Music industry assoc.
6 Neckpiece
7 Group derived from benzene
8 "___ arigato" ("Thanks a lot" in Japanese)
9 Band of brothers?
10 Not nuts
14 Whodunit author Marsh
17 Banda ___ (Indonesian city)
18 "___ Yellow Ribbon Round the Ole Oak Tree" (song): 2 wds.
20 Access the Web
23 Level of tide at its ebb: 2 wds.
24 The Pointer Sisters' "___ Excited": 2 wds.
25 Stretched
27 "Boy, Did ___ Wrong Number!" (Bob Hope movie): 3 wds.
30 Punish with an arbitrary penalty
33 Black magic
35 Roman emperor defeated by Vitellius
36 "Keeper of the Keys" detective Charlie
37 Overflow (with)
39 Katie Holmes's daughter
41 Cpl.'s inferior
42 Suffix with capital or copy
43 Ron of the 1980s Cubs

83

Across

1 Et ___
5 Trees with purplish flowers
11 Beatty and Rorem
12 Joan's "Dynasty" role
13 Some RBI producers: abbr.
14 Main protein in cheese
15 Do another hitch: hyph.
17 Command level: abbr.
18 More frequently
22 "With God ___ witness": 2 wds.
24 Pro ___
25 Humeri attachments
27 Flat, even
28 Safety org.
29 ___ Macbeth
30 Add to the scrapbook: 2 wds.
32 Letters accompanying some 2,000-year-old+ dates
35 Brass
37 German drinking salutation
40 Picnic problem
41 Mexican food served in a husk
42 "By the powers vested ___...": 2 wds.
43 Sterilized (a cat, e.g.)
44 Food Network measures, briefly

Down

1 Auto pioneer Citroën
2 Mountain Community of the Tejon Pass, Calif.
3 The Devil makes work for them: 2 wds.
4 Org.
5 Soothe
6 As ___ resort (after all else has been tried): 2 wds.
7 Bugged
8 "The Shining" prop
9 Game console with a movement-sensing controller
10 Fig. in identity theft
16 Capital of Togo
19 Haricots: 2 wds.
20 Toulouse time
21 North Carolina capital: abbr.
23 "Unfortunately ...": 3 wds.
25 One who might get yelled at by the manager: abbr.
26 When doubled, a yellow Teletubby
27 ___ O'Grady, Mary in "Eight is Enough"
29 Stole
31 Submit taxes online: hyph.
33 Pinch
34 Old serfs
36 Art class feedback session, slangily
37 Mtge. units
38 Drake's forte
39 Grandma, to Germans

84

Across

1 "The Addams Family" cousin
4 Laugh sound
7 In the direction of, to a Brit.
9 700, to Caesar
12 Flounders through mud
13 UN anti-child-labor agcy.
14 Church benches
15 Brian whose albums include "Breaking"
17 "A Bell for ___" (1945 movie directed by Henry King)
19 ___ dawn: 2 wds.
20 Shih-tzu, e.g.
21 Hairy
24 Most docile
26 Checked the fit of: 2 wds.
28 I.R.S. employee: abbr.
31 Prefix with magnetic
32 "Jack Sprat could ___ fat ...": 2 wds.
34 Kind of post
37 Catchall abbr.
38 Nuptial confirmation: 2 wds.
39 The Young Wild song: 3 wds.
41 Computer file format, initially
42 Metaphor for a womanizer: 2 wds.
43 Amtrak stop: abbr.
44 Savannah, for one: abbr.

Down

1 Julia Sweeney box office bomb of 1994: 2 wds.
2 City of Ohio or Spain
3 Partially-reflective, partially transparent glass object: hyph., 2 wds.
4 Prince, initially
5 Noble, in Essen
6 She, in Italy
8 Pt. of PGA
9 Fond of heated arguments
10 Projection that prevents slipping
11 Richard of "The Big Combo"
16 Moscow's land: abbr.
18 Expressed surprise
22 Language of Nigeria
23 French jeweler Lalique
25 Fair-hiring org.?
26 Long-snouted mammal
27 ___ book (be literate): 2 wds.
29 Open up, as some jackets
30 Voluntary guide
33 Key of Mozart's Clarinet Concerto, briefly: 2 wds.
35 Odds companion
36 Booty
40 TV music station letters

85

Across

1 Mortgage adjustment, for short
5 Trooper automaker
10 Be entertaining
12 Frisco gridder
13 Simultaneous use of a central computer by many users: hyph.
15 1951 play by Literature Nobelist Nelly Sachs
16 Fido's foot
17 Professional teacher org.
18 Game piece
19 Chemistry suffix
20 Old cable TV inits.
21 M1 rifle designer John
23 Extremely tired
24 Creme de ___
26 Much may follow it
29 Famed insurer
33 Leather shoe, for short
34 Mini-battery letters
35 Wine: prefix
36 Iron pumper's pride: abbr.
37 Mil. award
38 A in French class
39 Draw from specific cases for more general cases
42 Ornamental flax
43 Word before power or plexus
44 Leaf opening
45 In a bad way

Down

1 Suitable for all audiences: 2 wds.
2 Iago's wife
3 More vaporous
4 Advert ending?
5 Dumbstruck: 2 wds.
6 Paul McCartney, for one
7 Eastern Christian
8 Hindu women's apartments of a house
9 Compelling immediate action
11 Neighbor of Francia
14 Certain shake on meeting someone
22 Coolers, initially
23 Ghostly greeting
25 Los ___, town in northern New Mexico
26 Drives
27 "Hell is other people" play: 2 wds.
28 Bank customer's ID: abbr., 2 wds.
30 Southern US pronoun: hyph.
31 Tooth-related
32 Contemptuous
34 One of the Old Testament "Cities of the Plain"
40 Pirate potable
41 Law, in Lyon

86

Across

1 First glance
7 Spanish bear
10 No-nos
11 "Deutschland ___ Alles"
12 As a whole: 2 wds.
13 "King David" star
14 Excessive adherence to the law
16 Cash in Kashmir
19 Free city to the east of Westeros in "Game of Thrones"
20 Cricket periods
21 Rewrite for a film, say
24 Long times to live: abbr.
25 Ones in Spain
26 "Amerika" author
28 Billy Davis Jr.'s singing partner Marilyn
29 North Carolina city: abbr.
30 Soccer star Michelle
31 Survey of voters as they leave a voting place: 2 wds.
34 ___-Ball (arcade game)
35 Asian island
39 Be inclined
40 Pay no heed to
41 Part of the Apocrypha: abbr.
42 Basketballers, slangily

Down

1 Had a little lamb
2 Criticize harshly
3 Kander's "Cabaret" collaborator
4 Traveled on wheels, in a way: hyph.
5 Aussie shouts
6 Shore patrol grp.
7 Deferential respect
8 Sun. talks
9 City just south of Timpanogos Cave National Monument
11 Cygnet in a tale by Hans Christian Andersen: 2 wds.
15 Pie ___ mode: 2 wds.
16 Scissors beater, in a game
17 Eye layer
18 Pal one writes to: 2 wds.
22 Impoverished
23 General ___ Chicken (Chinese menu dish)
27 Weisshorn, e.g.
28 Port city and resort of southern Spain
31 Punta del ___, Uruguay
32 Classic Jags
33 Auricular
36 Misery
37 Music sheet abbr.
38 Console for playing Super Mario Bros., initially

87

Across

1 New corp. hires
5 Use a spatula, sometimes
11 Bygone time
12 Prayer
13 Certain settler
15 Ship's hdg.
16 Greek vowel
17 "That's what I think," in e-mail
18 Hair curl
20 Long time: abbr.
21 French eye
22 Palme ___ (Cannes Film Festival prize)
24 Gave utterance to
26 Legendary elephant eaters
29 Wanna-___ (poseurs)
31 Music category
33 "Hath ___ sister?" (Shakespeare's "Measure for Measure"): 2 wds.
36 Combining power of an element
38 Place to put down stakes, initially
39 Honorary U.K. title
40 Letters used (by some) for dates
41 Garden cart
44 Spit, to doctors
45 Actress Sorvino
46 Short court session?: 2 wds.
47 Like gossipmongers

Down

1 "You're so brave!": 2 wds.
2 Remote country, casually
3 Country, capital Yerevan
4 Find out
5 Smashed
6 Inventor
7 Increasingly shallow inlet
8 Submarine-detecting acronym
9 Verse, in Paris
10 2001 filer for Chapter 11 bankruptcy
14 Partner of poivre
19 Pat
23 New York's state flower
25 Slowly slide into chaos
27 With liveliness or spirit, musically: 2 wds.
28 Gives aid to
30 Witches' midnight meeting
32 Breathing room
33 "In what way?": 2 wds.
34 Hawke of "Boyhood"
35 Poplar tree
37 Shepherd's locale
42 Autobahn hazard
43 37th president, initially

88

Across

1 Carson predecessor
5 Get rid of
9 ___ Dei, set part of the Christian Mass
11 Label on a pet's collar: 2 wds.
13 Chiefs receiver with 309 yards in a 1985 game
14 Virtual meeting of a sort
15 Bank amenity letters
16 Movie org. with a "100 Years..." series
18 "...___ spacious skies"
19 Humiliation
21 "Fee, Fi, Fo, ___"
22 River that forms most of the China-North Korea border
23 Los Alamos experiments, in headlines: 2 wds.
25 Sing-along of a sort
27 Helix
29 Some seabirds
32 Wine: prefix
33 Largest city in Scotland
35 Part of an office sched.
36 Re printing: abbr.
37 First mate?
38 Video's counterpart
40 Lumber jacket pattern
42 Single-masted boat
43 ___ Corporal
44 Ramblers, Gremlins and Hornets, initially
45 Martin ___, 1930s Army bomber: 2 wds.

Down

1 Office of the pope
2 ___ Awards (annual prizes for mysteries)
3 Major division of the natural world: 2 wds.
4 Toupee, slangily
5 Connect with: 2 wds.
6 Bizarre
7 Non-commissioned army officer: 2 wds.
8 Didn't play: 2 wds.
10 Burn
12 Microbes
17 As the last in a series
20 Cluster bean
24 ___ out a living (barely gets by)
26 Cars with convertible roofs
27 Vedic ritual drinks, once
28 Singer Clark
30 Beginner
31 Neighbor of Norway
34 Freezer or blender, e.g.: abbr.
39 Summer Games gp.
41 Scientific site, briefly

89

Across

1 Word used to express sympathy
4 Nepalese peak
7 Cow's food
10 Frightened
12 Kin of -like
13 Give a different name to
14 Govt. agency whose official early history is entitled "Controlling the Atom"
15 "A Little Bitty Tear" singer, 1962
16 ___ Isaac Rabi, physicist and Nobel laureate
18 "Odyssey" enchantress
20 Cy Young winner Sparky
21 HBO's "Da ___ G Show"
22 Goo
25 Unjust: 2 wds.
27 Go back
29 Crunched muscles, briefly
32 Connors opponent, once
33 As follows: 2 wds.
35 Butt of jokes
38 In the distance
39 Good buddy
40 Sweet, full-bodied sherry
42 Birmingham to Montgomery dir.
43 Becomes enraged: 2 wds.
44 Sellout indicator, shortly
45 Five-star 1950s monogram

Down

1 Cameroon's continent
2 Small beetle
3 Tavern, slangily: 2 wds.
4 Towards the back, on a ship
5 Afghan monetary units
6 Martinique et Guadeloupe, e.g.
7 Supermodel who married Richard Gere in 1991: 2 wds.
8 Open, in a way
9 Formal order
11 Computer architecture, initially
17 Half court game?
19 Feminine suffix
23 Baseball number nines, briefly
24 Toward dawn
26 Cookie often eaten inside-out
27 Woodworking tools
28 Part of a Spanish 101 conjugation
30 Prejudiced
31 Went boldly
34 Crew units
36 Pastor, broadcaster and author Bob
37 Part of E.M.T.: abbr.
41 Fair-hiring agcy.

90

Across

1 Religious offshoot
5 Shepherdess in "As You Like It"
10 Will figure
11 Aftershock
12 "Mater" intro
13 Installing cables
14 Monthly women's lifestyle magazine: 2 wds.
16 Rigid bracelet
17 "Am not!" retort: 2 wds.
19 Port in southern Sweden
23 Breathtaking beast?
24 Real-time Internet communications, for short
25 ___ Park (Thomas Edison's home)
28 Unusual object
30 Halogen salt
32 Totino's product: 2 wds.
36 Hold back
37 Menial laborer
38 Extent of a surface: 2 wds.
39 What a colon means, in a ratio: 2 wds.
40 Short time off: abbr., 3 wds.
41 Beleaguered exec.'s need

Down

1 Burn
2 River of Africa
3 Stew ingredient: 2 wds.
4 Musical syllables: hyph.
5 In a formal, proper manner
6 Virus that causes shingles
7 Actor Jannings
8 Paleontologist's discovery
9 Piece of work?
11 Bud holder
15 ___-Caps (candy)
17 Rocket interceptor, briefly
18 Lobster eggs
20 Indefatigable
21 "Where ___?": 2 wds.
22 Brit. honor
26 Chameleon, for one
27 More slippery and gooey
28 Saturn, for one
29 An ideally perfect place
31 Comic Carvey
32 Clinton cabinet member Federico
33 "I'll consider ___ honor": 2 wds.
34 Loads
35 Arrogant, conceited person, slangily
36 Board member, briefly

91

Across

1. Arlene and Roald
6. Bigfoot, presumably
11. Dot-com commerce: hyph.
12. Tenor Mario
13. Beginning, in slang: hyph.
14. Arab chieftain: var.
15. Teen soap opera series: 2 wds.
17. Hawaiian instrument, for short
18. Links rental
20. "Top Hat" studio, initially
22. Dernier ___
23. French war
26. Cause of a gut feeling?
28. Brewer's need
30. Michael who plays Agent Rigby on "King & Maxwell"
32. They can be chemical or biological, initially
33. Plethora
34. U.K. honors
35. Journalist Tarbell
38. Avoid: 2 wds.
40. Freak out: 2 wds.
42. Rosacea and others
45. Earth tone
46. "___ of a Woman" (Pacino film)
47. Ill-tempered
48. Edge

Down

1. One of 360 in a circle, briefly
2. Packed away
3. Scoring three goals in one game of soccer or hockey: 2 wds.
4. "Let there be ___"
5. Gin flavoring
6. Discolored area on the face resulting from a blow: 2 wds.
7. Existential declaration: 2 wds.
8. French tire
9. Book after Lam.
10. "You don't have the guts to…" comment
16. Tulsa sch. named for a televangelist
18. Hosp. heart ward
19. Folk's Guthrie
21. Miner's find
23. Foliage
24. Having a gaunt physique
25. Salinger title name
27. Some M.I.T. grads
29. Highly successful kickoff returns: abbr.
31. Toy retailer Schwarz
34. 1701 in Roman numerals
35. "___ You Babe" (Sonny & Cher): 2 wds.
36. 12 in Madrid
37. Sounds of contentment
39. Russia's Itar-___ news agency
41. Darling
43. Certain photo order: abbr.
44. Fr. holy woman

92

Across

1 Grammatical case: abbr.
4 Broadcast inits.
7 Leftist president Morales
8 Traffic-stopping org.
9 Canadian attorney's deg.
12 Science of artillery
14 "___ Como Va" (Santana song)
15 Thomas ___ Edison
16 Bug that forms large swarms
18 Parting words: 2 wds.
20 Double-curved molding
21 Hairy animals of the Himalayas
22 Applies
23 Minimalist composer who uses the pseudonym CSJ Bofop
25 Mil. award
27 Presidential inits.
28 New York transport system, initially
30 "Make ___": 2 wds.
32 "Could ___ I'm Falling in Love" (The Spinners song): 2 wds.
33 Criminal conspiracy of silence
36 Land of Saabs and ABBA
38 Sainted pope called "the Great": 2 wds.
39 The "S" of R.S.V.P.
40 Aids in joining: hyph.
42 Big inits. in long-distance
43 Granola morsel
44 Soundless communication syst.
45 CD predecessors
46 12/31, initially

Down

1 "Ocean's Eleven" setting, familiarly
2 Immature seed
3 Mechanism for transporting goods in the process of manufacture: 2 wds.
4 Sports-drink suffix
5 Ammunition for a toy gun: 2 wds.
6 Hoosier pol. name
9 Person who loads and unloads ships
10 French secondary schools
11 Bidding
13 Bottled spring water brand
17 Letters of credit?
19 Accepted
23 "Aeneid" queen (alias Dido)
24 Birdbrain
26 Old TV production co.
29 Lobsterlike
31 Ward on TV
34 ___-turvy
35 Many an airline seat request
37 Biol. branch
41 Mil. titles

93

Across

1 Liquid used to stimulate evacuation
6 Young bird
11 Chart holder
12 Cozy
13 Phrase used to signal a startling revelation: 3 wds.
15 F.I.C.A. benefit
16 Architect Saarinen who designed the St. Louis Gateway Arch
17 German beer
18 Musical notes
21 Basketballers' offensive drive: 2 wds.
23 Restaurateur Toots
25 "Good heavens!": 2 wds.
26 Member of a legislative body
30 The "good" cholesterol, initially
31 Dilbert coworker
32 Battle Born State school letters
33 Gull
36 Express pity
40 Firing offense?
41 Small drum
42 Parasitic flatworm
43 The Donald

Down

1 Seals' meals
2 Inner cell of an ancient temple
3 Morales of "Paid in Full"
4 Rest room sign
5 Trees of the birch family
6 Innocent
7 Foil-wrapped chocolate dessert: 2 wds.
8 "That's what I think," when texting
9 Frame
10 "The Spanish Tragedy" dramatist
14 Lick
17 Owl's hangout
18 Comic Lew
19 Way to shoot down a plane, initially
20 Blue hue
21 Call from home?
22 Certain crow
23 Univ.
24 Coal carrier
27 Conical tooth
28 Small land masses: abbr.
29 Musical Lyle
32 "Er, yeah": 2 wds.
33 He played Mowgli in "Jungle Book"
34 Hanna-Barbera's heroic Ant
35 Cop's catch: abbr.
36 Half-___ (coffee mix): abbr.
37 The Magic, on scoreboards
38 2014 Rose Bowl winner, initially
39 Archival file format, initially

94

Across

1 ____-bitty (small)
5 Artoo-____ ("Star Wars" droid)
10 Jeff of "Lawnmower Man"
12 Europe-Asia divider
13 Mr. T's group: hyph.
14 Singer Cherry, whose albums include "Buffalo Stance"
15 Addams Family member
17 CSI test subject
18 P.T.A. meeting place: abbr.
20 ____ la Paix, Paris: 2 wds.
22 "East of Eden" siren
24 Average
27 Kind of nut
29 Bridge player's comment: 2 wds.
30 Computer access name: 2 wds.
32 It may be hard to swallow
33 Lawn game: var.
35 Author Lewis et al., initially
36 Sturgeon product
38 Affectionate, slangily
40 "Invisible Cities" writer Calvino
42 "____ do" (turndown): 2 wds.
45 Bookworm, at times
46 Court ____ (legal venue): 2 wds.
47 Attempt
48 Prefix with byte

Down

1 " ____ Man Answers" (1962 Bobby Darin song): 2 wds.
2 Machine gun syllable
3 Goldilocks and ____: 3 wds.
4 "Uh-huh"
5 Close, dark prison
6 Hitherto
7 Vehicle for two: 2 wds.
8 Pulitzer-winning author Robert ____ Butler
9 Dept. of Labor arm
11 Giant slain by Odin, thus creating the Earth
16 Sister in a convent
18 "Cobra Woman" costar
19 U.K. honorees
21 Stock market "correction"
23 Prefix with phobia
25 Bothers
26 Cholesterol varieties, initially
28 Tree bearing edible nuts
31 601, in old Rome
34 "Ignorance of the law ____ excuse": 2 wds.
36 Opportune
37 Platte River tribe
39 Easily hurt
41 Rustic locale
43 Swiss river to the Rhine
44 Meteorological society, initially

95

Across

1 Musical pitch
5 Gleaming
11 Biblical name for ancient Syria
12 ___ wait (prepares to ambush): 2 wds.
13 Make a forcefully reproachful protest
15 1986 movie directed by Oliver Stone
16 ___ Arann (Irish carrier)
17 Prefix with plastic
18 Prefix with phobia or polis
19 Old Testament book: abbr.
20 At least: 2 wds.
23 Kind of chair
24 Like some drinks
26 ___ Tomé and Principe (African republic)
29 "___ here"
30 Covers thinly with gold
32 Tulsa sch. named for a televangelist
33 Deluxe
35 Expression of an unfavorable opinion
37 Capacity of many a flash drive, informally: 2 wds.
38 French nut?
39 "___ March hare" (irate): 3 wds.
40 Czech Republic river

Down

1 Herringlike fish
2 Ultimatum words: 2 wds.
3 Superbowl III MVP
4 Chew the scenery
5 In addition
6 ___ Spin (classic toy): 2 wds.
7 "Let ___ Cry" (Hootie & the Blowfish hit)
8 Asimov and Newton
9 All-___ (late study sessions, casually)
10 January, to Mexicans
14 Speechwriter who coined the phrase "Read my lips: no new taxes"
18 Two-time loser to D.D.E.
21 Cockney dwelling
22 Bookkeeper's book
23 Point opposite WSW
24 Canopus's constellation
25 Entertained
26 Worked excessively hard
27 Grown together, in biology
28 Horse handler
29 Sin city
31 Peter and Gordon's "___ Pieces": 3 wds.
33 Like some churches: abbr.
34 Links org. for women
36 Near Eastern honorific

99

96

Across

1 Second-in-command, shortly
4 J.F.K. search party?
7 Mop & ___ (floor cleaner)
10 Gilbert and Sullivan princess
11 Arg. neighbor
12 Always, to a poet
13 Die down: 2 wds.
15 Call ___ day: 2 wds.
16 Yemen's capital
17 Magna ___ laude: Lat.
18 Make ___ of (write down): 2 wds.
20 Parkinson's disease medicine: hyph.
22 Gunk
23 Producer: abbr.
24 Make excuses for by reasoning
29 1990s Indian P.M.
30 "Omnia vincit ___ "
31 British track star Steve
34 "Hasta ___!"
35 Spy novelist Deighton
36 Certain Oldsmobile
38 "___ & the Women" (Richard Gere film): 2 wds.
39 Moderately slow (of musical tempo)
42 A U.S. Dept.
43 Big holder of beer
44 "Bleah!"
45 Take in
46 Reno to Dallas dir.
47 Jerk

Down

1 Give up
2 Grant-giving agency, initially
3 Faint: 2 wds.
4 Delmonico alternative: hyph.
5 Comfy spot
6 "Our Gang" role for Carl Switzer
7 Company with a lizard as its mascot, initially
8 Abate: 2 wds.
9 Suffix for di or pan
14 Grovel, slangily: 2 wds.
18 Horizontally: abbr.
19 Gun rights org.
21 Big name in radio advice: 2 wds.
23 Letters between L and P
25 Breakfast flatbread
26 "No kidding!": 3 wds.
27 Last king of Albania
28 Canyon or haban suffix
31 As ___ Methuselah: 2 wds.
32 Border
33 ___ nous
34 Climber's respite
37 ___ Sastre, Aurora in "The Lost City"
40 The NCAA's Horned Frogs
41 Hosp. readout

97

Across

1 "Indignation" costar Tracy
6 Grooves cut into the face of a board
11 State that borders Wyoming
12 ___ Lodge (motel chain)
13 Cão da Serra de ___ (Portuguese sheepdog)
14 "The River of Dreams" singer Joel
15 Done several times
17 Nobel laureate Sakharov
18 "Colors" org.
20 Ursus ___ (scientific name for the brown bear)
24 Wilberforce University's affiliated denom.
25 Docs
26 Prefix meaning outside
27 News office
29 Home of highways H-1, H-2 and H-3
30 Celtics head coach (1995–7): inits., 2 wds.
32 One at a wedding: 2 wds.
36 "West Side Story" role
37 Sony rival
38 Wheat grown mainly for fodder
39 Available: 2 wds.
40 F-100 Super ___, old USAF plane
41 Loop with a running knot

Down

1 Untrustworthy one
2 Adams of "Up in Smoke"
3 Roofing material
4 Famous last words?: 2 wds.
5 "Alas": 2 wds.
6 Big name in diamonds: 2 wds.
7 Bitter tasting
8 Honey
9 Sibling-less
10 Sauce in a wok
16 Slander
18 Test center, for short
19 ___ Darya (Asian river)
21 Attack: 2 wds.
22 "I'm surprised" in Scotland
23 Disco ___ ("The Simpsons" character)
25 Program intended to damage computers
28 Ham actor
29 Prefix with chlorine
31 Torcher's misdeed
32 Low-cost home loan org.
33 Flipper, e.g.
34 Handwoven Scandinavian rugs
35 Bound
36 1950s presidential race inits.

98

Across

1 Animal that uses two legs for walking
6 Two in traffic
9 Handle differently?
10 Nod, maybe
11 Sodium ___
13 Maxim
14 "The L Word" actress Daniels
15 "I've Gotta ___" (Sammy Davis Jr. song): 2 wds.
16 Barrio area in S. Calif.: 2 wds.
18 'Fore
19 Leg wrap for soldiers
20 Garage jobs
21 Baseball Hall-of-Famer Manush
23 Airwaves regulator letters
26 Spin around
27 Italian currency, before the euro
28 Black, romantically
29 Bushed
30 Neatness
33 It's spotted in casinos
34 Theraflu alternative
35 Leno's announcer Hall
36 Leaders of the New School debut album, "A Future Without ___": 2 wds.

Down

1 Underwent a change
2 Years old: 2 wds.
3 Take off the peel, as an apple
4 Diplomat's office: abbr.
5 "Gloria in excelsis ___"
6 Game similar to euchre
7 Pointless
8 Beatles song "I've Just ___ Face": 2 wds.
9 Person in the passenger seat
11 Crèche cynosure
12 Crows' homes
16 "I'm Just Wild About Harry" composer, ___ Blake
17 To ___ (perfectly): 2 wds.
19 Former monetary unit of Ireland
20 Eric Cartman's mother on "South Park"
21 Cross-breed
22 Undercut
23 Shoot: 2 wds.
24 Dimin.'s opposite
25 Bounders
26 Crystal-lined rock
27 Fine ravelings of cotton fibers
29 She played Ginger on "Gilligan's Island"
31 Zenith competitor, initially
32 Prune

99

Across

1 Kafka character Gregor
6 Cup
11 Caramel-topped desserts
12 Shred: 2 wds.
13 Settle a bill: 2 wds.
14 Atlanta research university
15 Diversity, contrast
17 Words before an alternative: 2 wds.
18 Compressed data
20 Implored
25 Spreadsheet cell contents
27 Stirs
28 "You're Lucky I Love You" singer Susan
30 Certain coffee table shape
31 45 rpm record half: hyph.
33 Cooking in a wok, e.g.: hyph.
38 "Would you like ___?" (waitress' question): 2 wds.
39 Fix a knot
40 Corrupt
41 "Alice in Wonderland" tag line: 2 wds.
42 "Beau ___"
43 A dozen dozen

Down

1 Bay Area law enforcement org.
2 Jai ___
3 Cinco de Mayo: 2 wds.
4 Put an end to: 2 wds.
5 Colorado skiing mecca
6 Entranceway employee
7 Paint
8 Universal destruction: abbr.
9 "Absolutely!"
10 Acquire intelligence
16 Fleece
18 Cretan peak
19 Rapper who has feuded with Jay-Z
21 Charles ___, inventor (1800–60)
22 Tongue-lash: 3 wds.
23 She, in Lisbon
24 High-speed Internet inits.
26 Ochlocracy: 2 wds.
29 Letters on a rubber check
32 Like some vbs.
33 Hook underling
34 Addition column
35 ___ the finish: 2 wds.
36 "___ Island" (2008 movie starring Jodie Foster)
37 The Bee ___ (singing group)
38 Student's stat.

100

Across

1 Bedside watch
6 Colorado senator Mark
11 "Who's there?" response: 3 wds.
12 Locale
13 Thin piece of wood used to light a fire: 2 wds.
15 Web address ender
16 Bucks and does
17 Actress Louise
20 "Star Trek: Voyager" character
22 Unclose, to Shelley
23 Become oblivious to one's surroundings: 2 wds.
27 Grammatical mood
29 Peculiar
30 Wii ancestor
31 Half of a 1955 merger, initially
32 Three-hand card game
33 Writer Dinesen
36 Global positioning fig.
38 Succession of good and bad experiences: 3 wds.
43 Damp
44 O. Henry specialty
45 Narc's find
46 Eddie's "Coming to America" role

Down

1 Natural and unavoidable catastrophe, ___ major
2 "Give ___ whirl": 2 wds.
3 Format for compressing image files
4 "___ Darkness" (Bonnie "Prince" Billy album): 3 wds.
5 English professor's deg.
6 Burlington sch.
7 Determined attempt: 2 wds.
8 Advance amount
9 "Life" founder Henry
10 John ___, co-creator and star of TBS's "10 Items or Less"
14 Variety of potato: 2 wds.
17 Pitch
18 "How do ___ this gently?": 2 wds.
19 The Missouri R. forms part of its border
21 Ending with defer or refer
23 Member of the Pueblo people of western New Mexico
24 Farm call
25 Iris holder
26 Exam
28 Male donkey
32 Long-legged wading bird
33 Suffixes in many element names
34 Get a look at
35 Katmandu's continent
37 Sarah McLachlan hit of 1998 (or, backwards, an opera)
39 Ultimate
40 Begone beginning
41 Dir. away from SSW
42 Orchestra: abbr.

101

Across

1 Missouri feeder
6 Actress Fisher
10 Certain religious icons
11 Cote de ___ (French entree)
12 "Earthworks" author Brian
13 Hussy
14 Tube for dispensing medication
16 Datebook abbr.
17 "Oysters ___ season": 2 wds.
18 Boxes
20 Old oath
22 Preserve a dead body
23 Some batteries, initially
25 ___-man (video game)
26 Extreme fright
29 Mild expletive used to express vexation
32 Point of view
34 Labor group, initially
35 Unit of radio frequency: abbr.
36 Decoration on the rear fender of an automobile: 2 wds.
38 Ending for switch or buck
40 German beer mugs
41 Don't: hyph.
42 "The Young and the Restless" actress Bregman
43 Jacket fastener
44 Tender spots

Down

1 Driller's setup: 2 wds.
2 Resort city south of the Grand Canyon: 2 wds.
3 On one's toes
4 Canada's ___ Bay
5 Ancient Palestinian
6 Hosp. tubes
7 Giving up of one's own desires in order to help others: hyph.
8 Shrub with dark green glossy leaves
9 Social behavior issue
10 Catholic priest
15 Dudley Do-Right's org.
19 In ___ way: 2 wds.
21 "Shucks!"
24 "___ goes": 2 wds.
26 Arcade coins
27 Writer/director Nora
28 Cooks in an oven
30 Some dresses: hyph.
31 Bitter, aromatic plant
33 Explosion maker: abbr.
37 Edward ___, British writer of nonsense verse
39 Alley-___ (basketball maneuver)

102

Across

1 She answered to Captain Kirk
6 Tic-___ (candies)
10 1960s-style protest: hyph.
11 Body wash brand
12 Tissue lining the alimentary canal
14 High-speed Internet option, initially
15 Girls in France
16 Smashed on a highway, briefly
17 Element #10
20 Forming part of a sentence
24 Anguish
25 ___ la paix: 2 wds.
26 Astound
28 Saturday morning TV show, initially
29 Tired-looking: hyph.
31 Mayfield boy, for short
33 Son of Odin in Norse mythology
34 Acapulco assents: 2 wds.
36 Pan, e.g.
39 Alkaloid plant toxin
41 Young adult
42 Soak
43 "Grinding It Out" subject Ray
44 Homies

Down

1 Previously owned, as a car
2 They're above the thighs
3 Certain Monopoly sq.
4 Slowing, in mus.
5 Big name in brewing
6 Kind of call
7 Roswell crash victim, supposedly
8 Overseas Highway feature
9 Orchestra: abbr.
13 "Essays of ___"
16 Pops
18 Exude
19 Necessity
20 "No ___!" ("Certainly!"): abbr.
21 Scottish philosopher David
22 Enhance the quality of a previously made recording
23 Nobility title
27 Boulogne-sur-___
30 Suffix with diet or synth
32 Small songbird
35 In ___ (harmonious)
36 Barbed remark
37 "Step right ___!": 2 wds.
38 G.P.A. spoilers
39 OTC offering
40 Long-running U.K. music mag.

103

Across

1 Crock

4 1200, in Roman numerals

7 Doubly

10 Cigar residue

11 Help wanted ad letters

12 ___-rock (music genre)

13 "Thar ___ blows!"

14 Internet protocol, initially

15 "Shall I compare thee ___ summer's day" (Shakespeare): 2 wds.

16 Transportation of supplies by plane

18 N.Y.C. sports venue

19 Millionths of a meter

20 Had a taste

21 Vancouver Island native

23 Conn. neighbor

24 "Son of," in Arabic names

25 Ave. intersectors

27 One to beat

28 Coll. whose motto is Vox, Veritas, Vita (Voice, Truth, Life)

29 Dine away from home: 2 wds.

31 And so forth: abbr.

32 Misplay, e.g.

33 Chess champion of 1960–61

34 Lab diagnosis of genetic makeup: inits, 2 wds.

37 Drink cooler

38 Baby Pickles on "Rugrats"

39 Interest on a loan shark's money, casually

40 Highest note in Guido's scale

41 Relative of -ian

42 Center opening

43 Homily: abbr.

44 Hand-___ coordination

45 Whistler, at times: abbr.

Down

1 "Que ___?" (greeting in Spanish)

2 Sumo wrestling move

3 Like some explosive devices

4 Alfalfas' cousins

5 Brotherhood

6 Jai alai basket

7 1995 Val Kilmer movie: 2 wds.

8 "If ___" (Travis Tritt song): 3 wds.

9 Theater scenery, props, etc.: 2 wds.

17 Burning

21 Aspects of polite social behavior

22 Thing that hinders progress

26 Ball Park Franks company: 2 wds.

30 Playpen player

32 "Falcon Crest" actor Albert

35 1980 NFL MVP Brian

36 End-of-the-week letters

104

Across

1 Lower oneself
6 Theologian Kierkegaard
11 Declaim
12 Belief
13 Brief periods of study
15 Old spy grp.
16 Bygone daily MTV series, informally
17 Essay
18 "The Prince and the ___"
20 Kid-lit elephant
23 U.S. security: hyph.
26 Shuffle, e.g.
27 Highway
28 Narrative
30 Kid's call
31 Continue to do: 2 wds.
33 Like some stocks, for short
35 Banquet
36 "Think" company
39 Voluntarily brought on: hyph.
42 Nigerian language
43 Girls, in Grenoble
44 Photo-filled book
45 French cup

Down

1 "___ arigato" ("Thanks a lot" in Japanese)
2 Twin sister of Ares
3 Fleming and Ziering
4 Volkswagen model
5 Sugary plant fuild
6 Carve
7 Eight-time Norris Trophy winner
8 Public toilet
9 W. German river
10 Like a busybody
14 Sch. in Tulsa, Oklahoma
18 Junipero Serra, for one
19 "___: The Smartest Guys in the Room" (2006 documentary)
20 Twice
21 Quick
22 Org. that sells novels to members: 2 wds.
24 Skye cap
25 Big name in ice cream
29 Retort to "No, you're not!": 3 wds.
30 Endearingly sweet little child
32 "The Little Drummer Boy" syllable
33 Dept. of Labor division
34 Cousin of a canvasback
36 There are many in the Pacific Ocean: abbr.
37 Honey producers
38 Catalog things: abbr.
40 Home of the Seminoles, initially
41 Pay back?

105

Across

1 Range
6 American capital, initially
9 Wraps
10 D.C. school
11 Singer who wrote "From This Moment On": 2 wds.
13 Batty
14 The Lone Ranger's Silver
15 To him in Hainaut: 2 wds.
16 Moors (a ship)
17 "Went," in Glasgow
18 All-Star second baseman Chase
19 Went wrong
21 "Knight, Death and the Devil" engraver Albrecht
23 Extent
27 Comes to
28 Mother of the Valkyries
29 Ratio words: 2 wds.
30 Bunch
31 Grocery store section: 2 wds.
33 Outback bird
34 "I'll do anything!": 2 wds.
35 "Deck the Halls" contraction
36 Verb for thou

Down

1 ___ of Liberty
2 Careful not to inconvenience others
3 Miscellany
4 Stew morsel
5 Dilettante
6 Classic Peter Lorre role
7 Like a rustling skirt, perhaps
8 Beach sights
9 Football Hall-of-Famer Don
11 Stocking trouble
12 Professional championship for major league baseball
16 Raymond and Aaron
20 Gives again, temporarily
21 First notes of the scale: 3 wds.
22 Womb
24 Oktoberfest toast
25 Mature
26 Rabbit punch target
27 "Be silent," in a score
30 No longer fresh
32 "___ note to follow soh…": 2 wds.

106

Across

1 Oom-___ (tuba sounds)
5 Some farm machines
11 Dies ___ (Requiem Mass part)
12 "New Jack City" star Wesley
13 Illogical
15 Fountain orders
16 Full-length
17 Sound of one hard object hitting another
19 Wet and sticky
21 Former cable co.
24 Arrangement to meet at a particular time and place
27 Humanities dept.
28 Warbling Warwick
29 Olds-fashioned auto
30 Maine's ___ Bay
34 South Seas kingdom
37 Traditional healer: 2 wds.
39 Chorus lines: hyph.
40 Prefix for bite or taph
41 Small North African finches
42 Had too much, for short

Down

1 Name of 12 popes
2 Classic New Yorker cartoonist
3 Printed version of computer data: 2 wds.
4 Phrase in a dictionary: 2 wds.
5 Some coll. degrees
6 Aimée of "La Dolce Vita"
7 Actor Mark ___-Baker
8 "Paradise Lost," e.g.
9 Lens solution brand: 2 wds.
10 Mil. rank
14 Popular Japanese beer
18 "Girls Just Want to Have Fun" singer Lauper
19 Maple syrup stuff
20 DJ's crateful
21 Occupied (property) in return for rent
22 Longtime Larry King employer
23 Suffix with meteor
25 Connect: 2 wds.
26 Rabat's nation
29 "Yankee Doodle Dandy" composer George M.
30 100 lb. units
31 Frigid finish
32 Christmas tree topper
33 251, to Nero
35 Decamped
36 Infielder's nickname: hyph.
38 Sheet music markings: abbr.

107

Across

1 Cotillion presentee, for short
4 Bundy and others
7 Efron of "Dirty Grandpa"
10 Actress Merkel
11 ___ Rae-woo, 6th president of S. Korea
12 "I like ___ lot!": 2 wds.
13 The Mormons' letters
14 Airline whose last flight was in 2001, for short
15 Beer belly
16 Cowardly villain, old-style
18 Hydrocarbon ending
19 Confiscate, legally
20 Grp. concerned with genealogy
21 Physiological need to drink
22 "The Wolf Man" Lugosi
23 Uncertain: 2 wds.
25 Deliberate
27 Groups of lions
30 Brand that shows whether you're with child, initially
31 Cicero's forte
32 Year in Vigilius's papacy
33 Officials who examine and suppress certain parts of movies, etc.
34 Slip on
35 Popular sushi fish
36 "Gimme ___!" (rude order)
37 Resinous deposit
38 Soccer's Freddy or Fro
39 Snacked on
40 Summer hrs. in Albany
41 Mil. decoration
42 Prosciutto

Down

1 Sweet and soothing, ironically
2 Page range punctuation mark: 2 wds.
3 Sharon Stone movie: 2 wds.
4 Most highfalutin'
5 Some dieters' choices: hyph., 2 wds.
6 Treat unfairly, in slang
7 Song with the line "Mr. Bluebird's on my shoulder": hyph.
8 Like many Schoenberg compositions
9 Late 1990s Cadillac model
17 Pang
22 U.K. citizens, for short
24 Radioactive metallic element
25 Be a busybody
26 Transfer (files) to a server
28 List of mistakes
29 Modus operandi
31 Set of eight things

108

Across

1 Award won by Mike Trout in 2014 and 2016: abbr., 2 wds.
6 Europe-Asia divider
11 Prefix with comic
12 Popular shirts
13 "___ easy to fall in love" (1977 lyric): 2 wds.
14 Hebrew letter: var.
15 Excessively sweet
17 Hear
18 Not very much: 2 wds.
20 Principal ___, character in "Buffy the Vampire Slayer"
24 Terre Haute sch.
25 "___ be nice if…"
26 Hems and haws
27 "Bicycle Thieves" director Vittorio: 2 wds.
29 A single one
30 River in Southeast Asia
32 Rascal, old style
36 Pennsylvania county
37 Longtime TV/movie actress Ann
38 Ancient Mexican
39 "Your Movie Sucks" author Roger
40 Court employee
41 Has to have

Down

1 Sale sign: 2 wds.
2 "___ smile be your umbrella" (Bing Crosby): 2 wds.
3 Santa's wife: 2 wds.
4 Semifluid, like honey
5 Exclamations of disdain
6 Stock analyst's arrow, in good times
7 Like a violinist's strings
8 1984 World Series MVP Trammell
9 Miner's quest
10 Mariner's dir.
16 On the line: 2 wds.
18 Benefit
19 China's Lao-___
21 Blue denim
22 British record label letters, once
23 Queue after Q
25 It's put on an injury: 2 wds.
28 Graphics machine
29 Strip
31 First name in doggerel
32 Threshold
33 Draw near
34 Cutup
35 Tolkien's Quickbeam and Treebeard, e.g.
36 Tic-___ (metronome sound)

109

Across

1 Psychiatrist's appt.
5 Twelve people in court
11 Cookie often twisted
12 Small eggs
13 Service branch, initially
14 Acceptances
15 Feral feline: 2 wds.
17 Orchestra group
18 Bear or boor follower
21 Word that qualifies another
23 Duck, in German
24 Capital of New Brunswick, Canada
26 Blackens
27 Irish-themed Vegas casino that features a tattoo parlor
28 Part of DOS, briefly
29 Cousin of a mink
30 Academic types
33 Read into, as motives
36 King Harald's father
37 Fairly close: 2 wds.
38 Late dinner hour
39 Stripes' counterparts, in pool
40 1940s–50s All-Star Johnny

Down

1 Kind of chef
2 In the past, in the past
3 Pirates: 2 wds.
4 Guest facilities, perhaps: 2 wds.
5 Psychologist who was a frequent guest of Johnny Carson: 2 wds.
6 Eye parts
7 Corroding sign of disuse
8 They protect QBs
9 Suffix for jambo or kedge
10 Draft board inits.
16 Bygone days
18 Among other things: 2 wds.
19 Ancient colonnade
20 Egg producers
21 PM times: abbr.
22 Squirrel's nest
23 Ranks
25 Analogy words: 2 wds.
29 Group of eight
30 Certain Muslim
31 Eastern royal
32 Cinematographer Nykvist
33 Helpful connections
34 Cow's sound
35 Jim Bakker's club letters

110

Across

1 Fed. accident investigators
5 Brad and William, e.g.
10 Sacred: prefix
12 Clinch a deal: 2 wds.
13 Montreal university
14 ___ Wafers
15 It's used to pay for online purchases: hyph.
17 Brain test initials
18 Channel that shows "Family Feud": inits.
20 Brew
22 Big-mouthed Martha
24 Feeling of pity
27 Actress Mitchell, Sister Robin on "Malcolm X"
29 Go on and on
30 Olympics cheer: 2 wds.
32 Suffix with diet or synth
33 Age
35 Que. neighbor
36 ___ tai (cocktail)
38 "If ___" (Beatles song): 2 wds.
40 Church part
42 Bring up to speed: 2 wds.
45 Actress Christina of 2012's "Bel Ami"
46 "Roots" subject Kunta ___
47 "Nuts" cartoonist Wilson
48 Phisher's acquisitions, for short

Down

1 Art Ross Trophy org.
2 Primo's mother
3 "The ___" (Marilyn Monroe/Tom Ewell movie of 1955): 3 wds.
4 Bric-a-___
5 Dope
6 Here, to Henri
7 Certain camera attachment: 2 wds.
8 Mosaic piece
9 Like some dinners
11 Endings for gran and can
16 Racecar additive
18 Gray, in Germany
19 Baseballers Bando and Maglie
21 Peut-___ (maybe: Fr.)
23 Pins and needles holder
25 "What's going ___ your mind?": 2 wds.
26 Split-off group
28 It's a relief
31 W.W. I army, initially
34 Adam's apple spot
36 "CSI" actress Helgenberger
37 Others, to Ovid
39 "Los Olvidados" director Buñuel
41 Code breakers' org.
43 Brit. news network
44 Pioneering game console, for short

111

Across

1 Altogether: 2 wds.
6 "That's ___!"
11 Kyle ___, time traveler in "The Terminator"
12 "Humble" house
13 1997 N.L. Rookie of the Year Scott
14 Bullion unit
15 Newsman Matt
17 QB protectors
18 Attell and Goldstein
20 "Admiral Graf ___" (German cruiser scuttled in 1939)
22 Grammar school basics, for short
23 Fabric edge that prevents unraveling
26 It may be between the seats
28 Prudential rival
29 Feminine
31 Perched
32 ___ spumante (Italian wine)
33 Drag racing governing body: inits.
34 Kind of camera, initially
36 "___ Darkness" (Bonnie "Prince" Billy album): 3 wds.
38 Equate
40 "Little Murders" actor-director
43 ___ citato (in the work cited)
44 Beer mug
45 All-out
46 "The Devil's Disciple" girl

Down

1 Discount rack abbr.
2 Opposite of paleo-
3 Economic situation in which goods are scarce: 2 wds.
4 "___ directed" (medicine alert): 2 wds.
5 Computer display
6 Reasonable treatment: 2 wds.
7 Arab name part
8 Not a big deal, colloquially: 3 wds.
9 "Like ___" (Izzy Stradlin album): 2 wds.
10 "___ go!"
16 Ending for legal or Senegal
18 Get ___ deal: 2 wds.
19 Pizazz
21 Night before
23 Guard
24 Snarl or growl
25 "___ Peach" (The Allman Brothers Band album): 2 wds.
27 Syllables meaning "I forgot the words"
30 Sue Grafton's "___ for Lawless": 2 wds.
33 "Dagnabbit!"
34 Groove
35 Prefix with suction
37 ___ up (pitch more slowly)
39 Long time
41 Roman numeral added to names
42 Vane dir.

112

Across

1 Rainbow or lake, e.g.
6 Mope
10 Eurasian ryegrass
12 Branch site
13 Without having been viewed beforehand: 2 wds.
15 Onassis and Emanuel
16 Hindu dynasty established in 320 A.D.
19 Cravings
23 "Take Me Bak ___" (1972 Slade song)
24 Not outside
26 State of preoccupation
29 Shrouded
30 Boarding place: abbr.
31 Anger
32 Vast chasm
34 Famous wine of Calabria, Italy
36 Striped serpent: 2 wds.
43 Suffix with webs or works
44 "It Hurts ___," Millie Jackson album: 2 wds.
45 Suffix with decor
46 "Honestly": 2 wds.

Down

1 Bills stats: abbr.
2 Style of music, a fusion of Arabic and Western elements
3 Assn.
4 Flip one's lid?
5 Hedron lead-in
6 John, Paul and George: abbr.
7 North Yorkshire river
8 General in gray
9 Boy toy?
11 Him, to Henri
14 "Bye Bye Bye" boy band
16 Wear the disguise of: 2 wds.
17 "Raw" Crayola hue
18 1990 Oscar winner for "Goodfellas"
20 Mass. setting
21 In need of a muffler
22 Blackens with chimney grime
24 "Can ___ least sit down?": 2 wds.
25 Genetic letters
27 One-time MTV afternoon show
28 Model Gabrielle
32 Flareup of crime?
33 Beat it!
35 Kind of agent, initially
36 Italian actress Scala
37 J.D. holder: abbr.
38 Auto last made in 1936
39 Early role-playing game co., initially
40 Part of some e-mail addresses
41 Pond fish
42 Ethnic group of Vietnam

113

Across

1 "___ the Fall" (Miller drama)
6 Adrien ___ skin care products
11 Architect of the Guggenheim Museum in Bilbao
12 "Bleeding Love" singer Lewis
13 Spa brand
14 "What ___ You" (Reba McEntire album): 2 wds.
15 Irregular
17 Lennon's in-laws
18 Kind of dealer
19 Chipper
21 Mine, in Italy
22 Rigging supporter
25 Nile viper
26 Prefix with center or cure
27 FDR home loan org.
28 Some garden flowers
30 Joanne of "Red River"
31 Initial stake
32 Hurdle for some univ. seniors
33 Singer/songwriter Hyman
35 Place for a massage
37 Swedish seaport on the Baltic
39 Brockovich and Moran
41 Eagles and double eagles
42 Puts (potatoes, e.g.) through a sieve
43 How some music is sold: 2 wds.
44 It's sometimes sprained

Down

1 Ottoman officer
2 Febrile
3 Celluloid, e.g.
4 Hungarian mathematician Paul
5 Hand-woven rugs
6 Son-in-law of Mohammad
7 Go straight
8 How to follow a hyperlink, using a cursor and mouse: 3 wds.
9 Opposite of exo-
10 Girl of Glasgow
16 Heroic poems
18 Traveler's need: 2 wds.
20 Certain Prot.
22 Send a message to, over the phone
23 Fragments of a bomb
24 Lacking slackness
29 Readily available: 2 wds.
32 County north of San Francisco
33 Longtime Magic 8 Ball maker
34 "The heat ___!": 2 wds.
36 "This is the End" costar Michael
38 Grad. degree
40 Atlanta to Tampa dir.

114

Across

1 Decoration for heroism, initially
4 Substance used on unpainted wood
10 Dwarf buffalo
12 Classes you barely attend: 2 wds.
13 Boohooed
14 Vacation spot
15 City in southern King County, Washington
17 Smooth transition
19 Subtraction amt.
22 Suitability
24 Identity
25 Part of i.e.
26 EarthLink e.g., initially
27 "For" for Francisco
28 52, in old Rome
29 Western New York county
31 South African political party, initially
32 Dead duck
33 Port on the Loire
36 Relating to or containing iron
41 Suffixes in many element names
42 Any Smith grad.
43 Quod ___ faciendum
44 Tallies: 2 wds.
45 Latin abbrs.

Down

1 ___ Butler (voice of Huckleberry Hound, Chilly Willy, et al.)
2 Large knife
3 In excellent order, slangily
4 Ammunition for a toy gun: 2 wds.
5 Norma ___ (Sally Field role)
6 Magazine: abbr.
7 Abyssin character from "Star Wars: Episode IV"
8 Might need a good one
9 Q–U fillers
11 When some have brunch: 2 wds.
16 Getting gray
18 Spain in Spain
19 The act of leaving
20 "Young Frankenstein" role
21 Going ___ song: 2 wds.
22 Crème ___ crème: 2 wds.
23 "...will smile and take ___" (Steve Winwood lyric): 2 wds.
30 Magical wish granter
34 Online 'zine
35 Some J.F.K. arrivals
36 Lucrative
37 "Turn to Stone" grp.
38 Narrow groove
39 Apt. ad figure
40 Shiba ___ (dog breed)

115

Across

1 Puts names to, briefly
5 Stereotypical dog names
10 Backup procedure: 2 wds.
12 Honda brand
13 Politician supported mainly in his home state: 2 wds.
15 Hockey great Bobby and others
16 Letters that are Wile E. Coyote's undoing, often
17 Reciprocal action and reaction
21 Asian festival
22 "Indubitably"
23 Hyundai car model
26 Expressed disapproval
30 Heap
32 Types to, for short
33 Coming across well on TV
36 Lamb's mother
38 McEwan and Somerhalder
39 Final remark: 2 wds.
44 Parisian playgrounds
45 Roomy lodging option
46 Yemen, once
47 Fencer's weapon

Down

1 Letters on a sunscreen bottle
2 Docker's union, initially
3 French dance popular in the 18th century
4 Noise in the night
5 Blubber
6 Hotel freebie
7 Like many top shelves
8 Hebrew name for Uranus
9 "Paranoid Park" director Gus Van ___
11 Winter comment
14 2002 Eddie Murphy/Owen Wilson movie: 2 wds.
17 "Make ___ double!": 2 wds.
18 ___ Perce (Native Americans)
19 Diminutive suffix
20 Dummkopf
24 Highway: abbr.
25 "You've Got Mail" co.
27 Affinity
28 Big music label once, initially
29 Decoration for heroism, initially
31 No, in Berlin
33 ___ Haute, Ind.
34 Comedian's stock
35 Come after
36 Omar of "Scream 2"
37 Cry from a crib
40 Elvis' motto, initially
41 "This ___ travesty!": 2 wds.
42 Native: suffix
43 Oft-embellished garment

116

Across

1 It's debatable
6 One-time TV workers' union
11 Defeat
12 Sew up again
13 Feature
14 Nancy Drew's creator Carolyn
15 New structuring, as of a business: abbr.
17 Cloud
18 Educator Horace
19 In ___ land (spacy): 2 wds.
21 Aug. hours in Akron
22 Discharges a gun: 2 wds.
25 Medical research agcy.
26 "Lord, is ___?": 2 wds.
27 Ft. Worth college
28 "Hogan's Heroes" sergeant
30 Charlemagne's realm, shortly
31 Olympian sword
32 Author Jorge ___ Borges
33 Blemish
35 Provide with a new supply of missiles
37 Burton of the new "Star Trek"
39 Green people?
41 Like krypton
42 Laughing
43 Brand of skin care products
44 Antiknock fluid

Down

1 Ending for titan or thor
2 Occurring at irregular intervals
3 State of ecstasy: 2 wds.
4 Kind of jack
5 Dam destroyed by the R.A.F. in 1943
6 Religious artifact supposedly hidden in the Well of Souls
7 Hardly hardy
8 Edwin O'Connor bestseller: 3 wds.
9 Bausch & Lomb saline solution brand
10 Western Hemisphere abbr.
16 Sparkle
18 Division of college athletics
20 Neighbor of Mex.
22 Put in the archives
23 Bitterness
24 Calendar abbr.
29 Moving in the direction of a higher place
32 Words before "on the line": 2 wds.
33 Gymnast's feat
34 He goes "Jaywalking"
36 Peut-___ (maybe, in Marseilles)
38 A.C.L.U. concerns: abbr.
40 Cardinal's insignia, initially

117

Across

1 "Assuming yes…": 2 wds.

5 Exclamations of wonder

9 Copier company

10 Inspiration for poets and musicians

12 Individual mark on a painting

15 Solothurn's river

16 Fractional ending

17 "Gee whiz!"

18 1990 arcade-style action video puzzle game: 2 wds.

20 Astern

21 Person to who money is owed

23 Bay of Naples isle

26 Flower seed bearer

27 Confrontational: hyph.

29 Raft

30 More courageous, slangily

34 Beer variety, initially

35 Volkswagen hatchback

36 Phone six letters

37 Power tool with a rapidly rotating disk: 2 wds.

40 Flummox

41 Area around the altar of a church

42 River deposit

43 "Put ___ writing": 2 wds.

Down

1 "… when ___, I'm better" (Mae West): 2 wds.

2 Celebrating: Swed.

3 ___ und Drang

4 Alliance created in 1948, initially

5 Certain terrier, informally

6 Branch of dentistry

7 Major event of 1812

8 Leaf apertures

11 Emeka of the Charlotte Bobcats

13 Seabird with black-tipped wings: 2 wds.

14 Contest effort

19 Height, in combination

22 "As I was going to St. ___…"

23 Baby's affliction

24 Sightlessness

25 Explosive devices used to blast holes in walls

28 Means of expressing one's talents

31 "No more for me, thanks": 2 wds.

32 As a friend, to Pierre: 2 wds.

33 "Girl Meets World" actress Blanchard

38 Fifth-century date

39 Subj. of Rule 10.04 in baseball

118

Across

1 Enough, in France
6 "___ the night before ..."
10 Snow vehicle: hyph.
12 Arrangement holder
13 Sani-Flush alternative: hyph.
14 Explorer Cabeza de ___
15 City of Honshu, Japan
16 Scamp
18 Be unlike
21 Gave up (something): 2 wds.
23 College Park school, home of the Terrapins, initially
26 Race that includes Odin, Thor, and Balder
27 Nicholson Baker story: 3 wds.
29 High-ranking royal: inits.
30 Lacking contact with other people
32 "___ Doctor" (Dr. Dre/ Eminem song): 3 wds.
33 Spanish-language hit song of 1974: 2 wds.
36 ___-Bilt (power tool brand)
39 Single element of speech
40 Actor Brad of "Apt Pupil"
43 Query to Brutus: 2 wds.
44 Mystic, supernatural
45 Taekwondo great, Jhoon ___
46 For rent: 2 wds.

Down

1 Barbera d'___ (popular Italian wine)
2 "The ___ the limit!"
3 Raita, for example: 2 wds.
4 Recede, like tidal waters
5 Menagerie
6 1980s–90s entertainment combo: hyph.
7 Cry from a crib
8 Fungal spore sacs
9 Fox News pundit Hannity
11 Tactic in a game of poker
17 Decline
19 1977 Yaphet role
20 Hungarian money
21 "Well, ___-di-dah!"
22 Gas: prefix
23 Illegitimate
24 Jerry Lewis's telethon org., once
25 Board member: abbr.
28 I.R.S. employee: abbr.
31 Suffix with transmission or toxic
32 Deserves it: 2 wds.
33 The America's Cup trophy, e.g.
34 "Snow White & the Huntsman" co-producer Joe
35 Art deco illustrator
37 First name in mysteries
38 1990s Senate majority leader
41 Outer: prefix
42 Sergeant, e.g.

119

Across

1 Refuel: 2 wds.
6 Expand
11 Old saying
12 Patsy Cline's "___ Pieces": 3 wds.
13 Picnickers run races in them: 2 wds.
15 Latin examples, briefly
16 Different ending?
17 Bean cover
18 Complete
20 Mel, singer nicknamed "The Velvet Fog"
23 Sheba, today
27 New Balance competitor
28 Race, in Oaxaca
29 Stand of trees
31 Pungent Indian dish
32 "McSorley's Bar" painter
34 Jackie's "O"
37 Co. that produced "Hill Street Blues"
38 One day in Spain
41 Interlacing strips of metal, etc.
44 Bake in a shallow dish
45 Talk show host Lake
46 ___ vincit amor
47 "I can't believe I ___ much!": 2 wds.

Down

1 Awe-struck expression
2 "I Wouldn't Treat ___" (Bobby Bland song): 2 wds.
3 Some srs. take them
4 Home of the Bulldogs, initially
5 Small size
6 French impressionism pioneer Alfred
7 Club discussed in clubhouses: inits.
8 ___ Lomond, Scotland
9 Aleutian island
10 Royals manager Ned
14 Fodder grain
18 New England sch., home of the Minutemen: 2 wds.
19 Stale air fare
20 Center X or O
21 Ab ___ (from the beginning)
22 Dead letters?
24 Make a dent
25 Book before Neh.
26 Congressional "no" vote
30 Mark Twain's New York hometown
31 Exposure unit?
33 Stock page heading, initially
34 "The Sun ___ Rises"
35 Chicago mayor ___ Emanuel
36 "Put ___ writing": 2 wds.
38 River in southeast Brazil
39 Rubs the wrong way
40 Sony co-founder Morita
42 Angular head?
43 Dorothy Parker quality

120

Across

1 Savory dish: 2 wds.
7 W.W. II intelligence org.
10 Breed of cattle
11 Has ___ with (is connected): 2 wds.
12 Yield: 2 wds.
13 "___ life!": 2 wds.
14 Controlling the direction of
16 ID fig. on a manufactured article: 2 wds.
19 Creme-filled cookie
20 Told to attack, with "on"
24 Edible marine fishes
26 Abu ___
27 U.S. Capitol's vicinity: 2 wds.
29 "___ Almighty" (Steve Carell sequel)
30 Military strength
32 "Casino" actor: 2 wds.
35 President before and after Clinton
36 "The 1 1/2 calorie breath mint": 2 wds.
40 Have ___ in the matter: 2 wds.
41 Makes into law
42 Football positions: abbr.
43 "___ of the Field" (Sidney Poitier movie)

Down

1 "Nova" network
2 Old Danish coin
3 Longest river in Scotland
4 Study of features of the Earth's surface
5 "___ Little Girl" (Marvin Gaye song): 3 wds.
6 Stands for things
7 "Dedicated to the ___ Love" (Shirelles hit): 2 wds.
8 ___ Spin (classic toy): 2 wds.
9 Holdup
11 Pesticide or fertilizer, e.g.
15 British children's author ___ Blyton
16 Auctioneer's closing word
17 ___ the Red
18 Soap star Sofer
21 Home to a bear, perhaps
22 "Voice of Israel" author Abba
23 Impression in a surface
25 Dry to the bone
28 Beer brand
31 Drupes (of a raspberry, e.g.)
32 ___ lift (ski tow): hyph.
33 Bounce
34 Those things, to Antonio
37 Former cable co.
38 Put away a pie
39 Authors Lewis and Forester, initially

121

Across

1 Wanderers
6 Argentinian expanse
11 Running wild
12 Architectural projection
13 "Back ___ Heart" (Olivia Newton-John album): 2 wds.
14 Like a forest of firs
15 Have, in Edinburgh
16 Pliers
18 Crawling critter
19 Letters after Charles Schumer's name
20 ___ gestae (things done: Lat.)
21 Pedal on an electric guitar: hyph.
23 Thompson in "Pollock"
24 Appearing in summer
26 English Lit., e.g.
28 Kingpin
31 Big Ten team, initially
32 "___ Heldenleben" (R. Strauss)
33 Collector's suffix
34 Beat
36 Greek consonant
37 NFL cofounder George
38 Shooter Bernhard known as "The Subway Vigilante"
40 ___ Ré, La Rochelle airport: 2 wds.
41 Lofty stronghold
42 Late bloomer
43 Valentine's Day dozen

Down

1 Horselaugh: hyph.
2 Writer Fallaci
3 Grasp the nettle: 3 wds.
4 "Aah!" accompaniment
5 ___ attention (wait): 2 wds.
6 Field flower with milky sap
7 Have ___ (be torn, as jeans): 2 words
8 Dasani and Ferrarelle, e.g.: 2 wds.
9 Gazed searchingly
10 Actress Milano
17 Curb
22 Financial newspaper, for short
23 Decline
25 Sour-tasting condiment
26 Actress Loren
27 Certain drink orders
29 Dead even: 3 wds.
30 Thin translucent fabrics
32 Anodyne
35 Singer born Helen Adu
39 Antipoverty agcy.

122

Across

1 Eagerly expectant
5 Hindu ascetics
11 C-worthy: hyph.
12 Feature of a Las Vegas "bandit": 2 wds.
13 Baseball's Moises
14 Not genuine
15 Call it quits: 3 wds.
17 What a dog or cat usually has: 2 wds.
18 Ignores: 2 wds.
20 Man's nickname
23 Coll. test
24 Initially a port
26 Bireme implement
27 Back
28 Cuisine style
30 Former U.N. leader U ___
31 Final results of a manufacturing process: 2 wds.
37 Pope who crowned Charlemagne emperor of the Romans: 2 wds.
38 Tatters
39 Eastern Canadian native
40 Give off, as radiation
41 Available for purchase: 2 wds.
42 Coppertone nos.

Down

1 "P.D.Q.!"
2 Cough-syrup ingredient
3 Cut off
4 Young turkeys
5 1982 movie starring Meryl Streep: 2 wds.
6 "Billionaire Boys Club" costar Elgort
7 Bass
8 Cart
9 Pakistani tongue
10 Bad air
16 Popular cologne
18 Queens airport, initially
19 "___ tu"
20 Military training establishment: 2 wds.
21 North Carolina city: abbr.
22 It makes one hot
25 Garrett of "Everybody Loves Raymond"
29 Gets used to
30 ___ offer
31 "St. ___'s Fire"
32 No, to Germans
33 MDs: abbr.
34 A fine cotton
35 Weary workers' cry, for short
36 Retired fliers, for short

123

Across

1 "If I Could Turn Back Time" singer
5 Boot out
10 Gesturing performer
11 Mediterranean island, capital Valletta
12 Priests' robes
13 Removing
14 Classic Milton Bradley war game
16 Away and in trouble, initially
17 Martin ___, all-metal Army Air Corps bomber: 2 wds.
21 Johns in Britain: abbr.
23 College year div.
25 Feel sorry about
26 Tulsa sch. named for a televangelist
27 That objeto
28 Admiral's org.
29 Karel Capek robot play: inits.
30 Prefix with pressure
31 Lincoln center?
32 Commemorate, as the Sabbath
34 Ural River city
36 Trance-inducing practice
40 Bag
43 Some community bldgs.
44 The same, in Saint-Malo
45 August, in Angoulême
46 Computer ___
47 Hosp. staffers

Down

1 Certain Nashville trophies, for short
2 Dagger handle
3 Small opening (in a wall) for firing through
4 Further shorten, maybe
5 Slate, for example
6 Singer Dylan
7 ___ Lilly pharmaceuticals
8 Big box: abbr.
9 Kind of team
13 Magnifier of distant objects
15 Words repeated at the start of the "Sailor's Song": 2 wds.
18 Roadside service station: 2 wds.
19 Suffix with chant or mass
20 Endangered goose
21 Get the job done
22 Mötley ___ (Nikki Sixx's band)
24 Bewail
33 ___ Vance, S.S. Van Dine sleuth
35 Megalopolis with about 30 million people, for short
37 North Sea feeder
38 Keith Urban's "Whenever ___": 2 wds.
39 High fliers, initially
40 Letter that's a symbol of victory
41 Farmer's field: abbr.
42 Domestic deity in ancient Rome

124

Across

1 Just so-so
4 "The Tears ___ Clown" (#1 tune of 1970): 2 wds.
7 Retail estab.
10 Remain where you are: 2 wds.
12 Word on many planes
13 Newspaper
14 Flying start?
15 Insignificant
16 Depletes: 2 wds.
18 At a short distance away from: 2 wds.
20 From that location
22 Sask. neighbor: 2 wds.
26 Stammerer's syllables
27 Feature of a nice hotel
29 Ranch add-on
30 Chief
32 Charm
34 Regarding this point
36 Sever, detach: 2 wds.
39 Slurpee-like drink brand
42 "___ understand it...": 2 wds.
43 Finds a new way to express
45 Palindromic music genre
46 Source of "The True North strong and free!": 2 wds.
47 L.A. hrs.
48 Maximum
49 Cobb of baseball fame et al.

Down

1 Voicemails: abbr.
2 Series ender, shortly: 2 wds.
3 Obscurity
4 ___-in (like some mailing lists)
5 Grammar tense: 2 wds.
6 Boom source, for short: 2 wds.
7 "In a Child's Name" author Peter
8 Lake between Rwanda and the Democratic Republic of the Congo
9 Guilt or round follower
11 Neighbor of Oman
17 Many chiliads
19 Summertime coolers, for short
20 Butter holder
21 Med. care provider
23 Barack Obama, for one
24 Spanish hoop
25 S. ___ (Seoul's country: abbr.)
28 "Wheel of Fortune" buy: 2 wds.
31 Cable choice, briefly
33 Noun-forming suffix
35 "High School Musical" star Zac
36 "Li'l Abner" cartoonist
37 GI hangouts, initially
38 Put a point on, old-style
40 Miniature whirlpool
41 Those girls, to Juanita
44 Comic strip cry

125

Across

1 Super ___ (video game console)
4 ___-com (Internet startup)
7 Big inits. in trucks
10 Mad. ___
11 Bring to light
13 Forceful and tough: hyph.
15 Entr'___
16 Part of P.S.T.: abbr.
17 Roadside bomb letters
20 Bathroom fixture
23 ___ and Herzegovina
26 Outdoor goods retailer
27 Lake fish: 2 wds.
29 Prefix with color
30 Regret greatly
31 Large group of people
33 Cape Town's land, initially
34 One-time domestic flight co.
36 Couple in the news
40 Any means possible: 3 wds.
44 British blue-bloods: abbr.
45 Cable channel
46 Shaving cream type
47 Hardened
48 Monogram of Mason mysteries

Down

1 Capital of Okinawa island, Japan
2 Air ___ Lifeteam (air ambulance provider)
3 Muralist José Maria ___
4 "How dumb of me!"
5 Covert maritime org.
6 Certain Asian festivals
7 Frame of beams for supporting a ship in dock
8 Quite a hgt.
9 Bill amt.
12 Trial figures, briefly
14 Religious belief based on reason
18 Carbon compound
19 100 centimes in Algeria
21 Not masc. or fem.
22 Hobby shop buy
23 Curse
24 Fruit extract used for cooking
25 24-hr. conveniences
27 Classroom fill-in: abbr.
28 Show a show again: hyph.
32 Gabs
35 Oodles
37 Kind of bag
38 Millions of years
39 Dept. that works with Sales
40 Eel-like fish
41 Miner's load
42 Sushi ingredient
43 Setting for Chicago Bears, initially

126

Across

1 Underweight
6 Kind of wave
11 Membranes in eggs of a bird
12 Nymph of the Muslim paradise
13 One-edged weapon
14 Fungal spore sac
15 Flattery
16 It ends in Nov.
18 Metric meas.
19 Having a spare tire, so to speak
21 Status ___
22 Armstrong and Harris
24 German city on the Danube
25 Old Chrysler: hyph.
26 "___ Yellow Ribbon Round the Ole Oak Tree" (song): 2 wds.
28 Arctic explorer John
29 Mild oaths
31 Museum stuff
32 Spitz dogs of a Japanese breed
35 Japanese honorific
36 "___ Como Va" (1971 Santana hit)
37 Martinique, par exemple
38 Danish toast
40 "... ___ Emmanuel": 2 wds.
42 "Super Mario" brother
43 Arm parts
44 Leonard "Cash" Morrisey player Scott of "Men in Trees"
45 "The Gondoliers" girl

Down

1 ___ the opinion (thought): 2 wds.
2 Click "send": hyph.
3 1915 Claude Debussy work: 4 wds.
4 Cube used in Yahtzee
5 Military recruit assigned to menial tasks, casually
6 "How is ___ my problem?"
7 Greek island between Naxos and Santorini
8 Avoid answering things: 2 wds.
9 Member of the mustard family
10 Supple and graceful
17 Word part: abbr.
20 She was Dorothy on "The Golden Girls"
23 Police procedure
25 Broadtail
27 Sam Cooke's "That's ___ Quit, I'm Movin' On": 2 wds.
28 Take to the ground, in the hills
30 A little sun
33 Soprano Gluck et al.
34 ___ problem (finds fault): 2 wds.
36 Rank-smelling
39 Earlier
41 Ending for corpus or cuti

127

Across

1 Hotel convenience
5 Expose
11 Alka-Seltzer jingle starter
12 Ace a test: 2 wds.
13 Yearly loan figs.
14 Some French schools
15 Boo-Boo's big pal: 2 wds.
17 Tatiana and Laila
18 Cop calls, for short
22 Necropsy
25 Actor Wallach
26 Prefix with graphic
27 Type of legal action: 2 wds.
29 Riddle-me-___ (rhyme)
30 Concoct: 2 wds.
32 C&W showplace
34 "Summer and Smoke" heroine
35 Exhibit A, maybe
39 Pellagra preventer
42 Student driver, typically
43 Building material
44 "The Accidental Tourist" novelist Tyler
45 Make a mint, so to speak: 2 wds.
46 Some sports cars, initially

Down

1 Neuter, as a pet
2 Bowser's bowlful
3 Fraternize, old-style
4 Fifth Greek letter
5 Except if
6 Bottled spring water brand
7 Millionths of a meter
8 Half of a half-and-half
9 You, abroad
10 Chess pieces that make L-shaped moves: abbr.
16 Certain rifle stand
19 Indelible
20 Dressing order, informally
21 Birdbrain
22 Sleek
23 Sch. overlooking the Rio Grande
24 Intersection sign
28 Convention handout: hyph.
31 Ruin, as one's parade: 2 wds.
33 "Gross!"
36 "Veni, vidi, ___"
37 Common: prefix
38 Chemical endings
39 Defense advisory gp.
40 Give ___ go: 2 wds.
41 Mozart opera "Die Entfuehrung ___ dem Serail"

128

Across

1 Latin dance
6 Lacking taste or flavor
11 Hot dish
12 Ancient market
13 Lock site
14 Not achieved
15 High-spirited
17 Ending for excels or exter
19 1/100th division: abbr.
20 Deli order
21 Guess
23 Doing
25 Book with Austria and Australia
27 Prefix with -plasty
30 Small bird
32 TV's Galloping Gourmet
33 Extinct flightless bird
35 It's sometimes behind the eight ball
37 French pronoun
38 Disease causing stiffness of the joints
41 Birds that fly in a V formation
42 Wordsworth, for one
45 Column style
46 "Raw Like Sushi" singer Cherry
47 Analyze
48 Drooping

Down

1 1200 in old Rome
2 "It all makes sense now!"
3 Crazy Water and Kona Deep, e.g.: 2 wds.
4 Reveal
5 Get ready for a bodybuilding competition perhaps: 2 wds.
6 Jumped over
7 Hindu deity
8 Wearing a smart business suit to impress: 2 wds.
9 Not what you'd expect
10 "Divine Comedy" poet
16 ___ Soundsystem, rock band
17 "There ___ way out": 2 wds.
18 Giant Giant
22 Tavern
24 "We need to get a cat!"
26 Result of sealed lips
28 G.I. chow
29 Logical operators
31 Rapa ___ (Easter Island)
33 Sister of Zsa Zsa and Eva
34 Dunkable cookies
36 Some collars
39 Early Chinese dynasty: var.
40 Crossword constructor's germ
43 Line part: abbr.
44 Bible pronoun

129

Across

1 "Me, myself ___": 2 wds.
5 Chutzpah
11 Bookstore sect.
12 Historic city of eastern Brazil
13 It fights for your rights, initially
14 Peanut butter cup brand
15 Big name in meatless burgers
16 Sun. talk
17 Ending with defer or refer
19 Bay or day preceder
23 Bring forward
26 Due + due + due
27 Luau souvenir
28 Codgers' replies
29 Company called "Big Blue"
30 Apprehend
31 Bacterial disease
33 The Daily Beast, e.g.: hyph.
35 Catch, as fly balls
36 German compass point
38 Ad agency award
41 When there's darkness, in a Koestler title: 2 wds.
44 Unyielding
45 Part of FBI
46 Morales of "Jericho"
47 Surround in a sac, anatomically
48 Tiny fraction of a min.: 2 wds.

Down

1 Simple rhyme scheme
2 One-named singer for the 1960s Velvet Underground
3 The sweet life, in Italy: 2 wds.
4 Green animal some keep as a pet
5 Deciduous tree with large leaves: 2 wds.
6 1997 Peter Fonda role
7 Coffin holders
8 Assts. to M.D.s
9 Fish of the carp family
10 KLM rival
18 American media website
20 Fish gelatin
21 Philippine island
22 Basinger and Novak
23 Four-time Pro Bowl tight end Crumpler
24 Believe
25 Job preceder: abbr.
32 German cathedral city
34 Soft and sticky
37 On condition that: 2 wds.
39 "Dies ___"
40 Like poems of praise
41 Honest ___ (Lincoln)
42 Wine holder
43 A.E.C. successor

130

Across

1 "___-pocus!"
6 Hard knocks
10 Old Colgate competitor
11 "A Letter for ___" (Hume Cronyn film)
12 Hymn writer Reginald
13 Corrupt
15 Christina's dad
16 Inc., in Paris
18 Airline to Maastricht, initially
19 Go for the bronze?
20 Org. founded in 1913 by B'nai B'rith
21 "The Children Act" author McEwan
22 So, in Sorrento
24 "Step ___ pets" (animal-friendly palindrome): 2 wds.
25 Pool shot
27 Frat. whose mission statement is "Building Balanced Men": abbr.
28 "You can turn off the alarm now": 2 wds.
29 Unhappy states
30 Footballer Sikahema or footballer Taua
31 Know-how
32 Santa's shouts
35 On ___ own terms
36 Popular fruit drink: hyph.
37 Posting at JFK
38 Game played with three six-sided dice: hyph.
40 Ancient
42 Harold who discovered deuterium in 1932
43 Actor Zac ___
44 Blog feeds, initially
45 Catch, in a way

Down

1 Part of a drum set: hyph.
2 "Euridice" was the first complete one
3 Large motorboats: 2 wds.
4 One, in France
5 Caustic comments
6 Cut at an angle
7 The ___ Glove (hot surface mitt)
8 Scissors with a serrated blade: 2 wds.
9 Admiral's avenue: 2 wds.
14 Quick stretch in "The Alphabet Song"
17 Exiled Amin
23 Alley-___
24 Suffix with fact or aster
25 Kind of duty
26 Non-professional
27 Small bag
29 Man's nickname
31 Nautical greetings
33 Others, in Oaxaca
34 Refuse a request: 2 wds.
39 Guitar star Paul
41 "Son ___ gun!": 2 wds.

131

Across

1 But, to Nero
4 "...then ___ monkey's uncle!": 2 wds.
7 Minor player
10 1990 Robert Morse Tony-winner
11 Popular Indian snack food
12 ___-Locka, Fla.
13 Latin foot
14 "Yes!": 2 wds.
15 Bugs's voice
16 Unstable, changeable
18 G.I. grub
19 Practical rather than attractive
21 Dolt
22 Early capital of Macedonia
23 Subatomic particles
25 Hoosegow
27 Thatching palm
30 Capable of producing an intended result
32 Arnold Bax composition of 1907, "Symphony ___": 2 wds.
33 Purposes
34 "Pink Panther" films actor
35 The, to Germans
36 Want ad palindrome, initially
37 LAX letters
38 Suffix with rep or rev
39 Humdrum existence
40 Room of the house
41 Internet protocol, initially
42 CO and CT, e.g.

Down

1 Minnesota twin?: 2 wds.
2 "Are you" in Andalusia: 2 wds.
3 "Tootsie" star: 2 wds.
4 Last Supper query: 3 wds.
5 European sea
6 Green shade
7 Representatives of a supreme authority
8 "Fidelio" and "Rigoletto"
9 Chief ore of lead
17 High-pH chemical
20 "The Day the Earth Stood Still" star Michael
24 Came to a conclusion
25 Lined the roof of
26 Deserving attention: 2 wds.
28 Extinguished: 2 wds.
29 Stocks and such
31 "Save" shortcut on a PC: abbr., 2 wds.

132

Across

1 "___ Rose" (song from "The Music Man")
5 Actors Robert and Alan
10 Felipe, Jesús and Matty
12 Get to
13 The sounds of time
14 Totaled: 2 wds.
15 Medical bag
16 Deuce
18 Bite
19 "Turn to Stone" grp.
20 For example
21 Peke squeak
22 Class
24 The ___ Brothers of 1970s–80s rock
26 Automaker Maserati
28 Drawers
30 Huff
33 Domino spot
34 Driver's need: abbr.
36 Z preceder?: 2 wds.
37 Crowd cheer
38 Where "Wayne's World" began, for short
39 Touch lightly on the water
40 Prefix meaning "likeness"
42 In ___ (hurried): 2 wds.
44 1960s-style protest: hyph.
45 Center of activity
46 Organic compounds
47 Ordered

Down

1 Jewish potato pancakes
2 Repetitive sounding Philippine city
3 Pic. that's been tampered with: 2 wds.
4 Northern diving seabird
5 Dry gulches
6 Actress Salonga or Thompson
7 Child star of "The Partridge Family": 2 wds.
8 End of some plays: 2 wds.
9 Quaint establishment
11 Tu-144 and others: inits.
17 Sets to work energetically: 2 wds.
23 Less than tetra-
25 NBA bonuses, briefly
27 Footballers Jordy, Karl, Corey, and Steve
28 Revolt
29 One of the vitamin B complex
31 State Park in Minnesota
32 Formal headgear: 2 wds.
35 Hardly a blabbermouth
41 Not a doggone thing
43 Stimpy's pal

133

Across

1 In need of scratch?
6 ___ Carta
11 People to hang out with
12 Canton neighbor
13 Basil's "Captain Blood" costar
14 Pasture
15 Meowing group
16 Fake
17 ___ grecque (cooked in olive oil, lemon juice, etc.): 2 wds.
18 "The Jungle Book" snake
19 Carbohydrate ending
20 Easily influenced
22 Bears: Lat.
23 Difficult: 2 wds.
25 "Did you hear that?," archaically
27 Portuguese explorer Vasco: 2 wds.
30 "She" in Portuguese
31 Decorates with bathroom tissue, for short
32 A.C. letters
33 Novel ending
35 "Yeah, right!": 2 wds.
36 Hosts at one's apartment: 2 wds.
37 It's plighted in marriage
38 Chemical prefix
39 "… His wife could ___ lean": 2 wds.
40 Goods
41 Pitch again

Down

1 One covers Antarctica: 2 wds.
2 State of being in someone's power
3 Play prior to a play: 2 wds.
4 Med. care providers
5 Maker of Rive Gauche, initially
6 Secret society
7 Close (to)
8 "Shake You Down" singer: 2 wds.
9 As much: 2 wds.
10 Nobelist Sakharov
16 Suitable for most audiences: 2 wds.
18 Chivalrous guy, briefly
21 Fine: hyph.
22 Monogram for the 18th pres.
24 "___ in apple": 2 wds.
25 Farm cry: hyph.
26 Llama's cousin
28 Active volcano in Sicily: abbr., 2 wds.
29 Novelist
31 Traditional theme, motif
34 Balalaika relative
35 Requiem Mass word
37 Prefix with mite or minus

134

Across

1 Seagoing vessel, in myth
5 Frat. whose mission statement is "Building Balanced Men": abbr.
10 "National Lampoon's ___" (Ellis Weiner novel)
11 An archangel
12 Big fuss
14 Disfigured, misshapen
15 "Wheel of Fortune" request: 2 wds.
16 Hydrocarbon suffixes
20 Large seabird
23 Floor model
24 Enero to enero
25 RCA former competitor
26 Dam destroyed by the R.A.F. in 1943
28 Be deliberately ambiguous
31 "Christ of St. John of the Cross" artist
32 "Peer Gynt" character
33 Fresh way of doing things: hyph.
38 Judicial officer
40 Madison Square Garden, e.g.
41 Opera by Umberto Giordano: 2 wds.
42 Least satisfactory
43 Kitty

Down

1 What Ritalin treats, for short
2 Bounder
3 Pebble Beach pastime
4 Like some non-permanent art exhibits: 2 wds.
5 Yield to another's wish or opinion
6 "Dies ___" (hymn)
7 Covered thinly with gold leaf
8 Classified ad letters
9 Mahmoud Abbas's grp.
13 ___ Carlson (Minnesota governor before Jesse Ventura)
17 Hair removal brand, once
18 One-named "More to Love" host
19 Pierre's evening
20 "Went," in Scotland
21 One-two connector: 2 wds.
22 Holiday song
27 Person's double
28 Plays with, like a puppy: 2 wds.
29 Gofer: abbr.
30 Proceed without restraint: 2 wds.
34 One, in Germany
35 Korea Bay feeder
36 Posts: abbr.
37 Wide widths, initially
38 Gullet
39 Spanish hoop

135

Across

1 King Arthur's father
6 Songbird genus
11 Football Hall-of-Famer Don
12 Midwest tribe
13 Got it wrong
14 Reverses a dele
15 Structure
17 Leaning against
18 Prefix with cellular
19 Neighbor of Bulg.
21 Deck (out)
22 First name in Polish history
24 Look to: 2 wds.
26 "Again…": 3 wds.
28 Toasted sandwich
30 Rich soil
33 Stock ending
34 Lon ___, Khmer Republic president in the 1970s
36 56, to Caesar
37 Mouselike animal
39 Kevin formerly of "S.N.L."
41 Floored: 2 wds.
43 Deposit
44 Appointed
45 Everglades bird
46 Romany: var.
47 Haile Selassie disciple, briefly

Down

1 Beneficial
2 Seat of power
3 Light with a glass chimney: 2 wds.
4 Gr. 1-6
5 Airport installation
6 Certain detectives, initially
7 Itty-bitty bit
8 Double sawbuck: 2 wds.
9 Arm art
10 Specify
16 Twisting of shape or position
20 Lebanese airline, initially
23 Fu-___ (legendary Chinese sage)
25 Rapper ___ Kim
27 Rest stop
28 Surfacing material for a highway
29 Hebrew name for God
31 Long-legged bird
32 Secretary of Transportation under Bush
35 Persona non grata
38 Farm females
40 Birdbath organism
42 ___'s ice cream

136

Across

1 Bail out, like a pilot might
6 Soviet prison system
11 Character in David Morrell novels
12 "That's ___ excuse!": 2 wds.
13 Cast out
14 Couric's cohost
15 Big ___
16 Buck
18 Supporter of arms, for short
19 It comes before chi
20 Long time
21 650, to Caesar
22 Addresses that may be stored in "Favorites," initially
24 Like some cows
26 Fearful of romance: hyph.
28 Slowly (tempo)
30 "Do as I say"
33 Big beer holder
34 Big wine holder
36 "You ___" (Lionel Richie hit)
37 "___ Believer": 2 wds.
38 Some football linemen: abbr.
39 FAA and IATA code for John Wayne Airport
40 Soccer superstar Lionel ___
42 "Omigosh!"
44 Male singer with the lowest voice
45 Atom bomb trial: abbr., 2 wds.
46 Newsman Roger
47 Feline

Down

1 "Are you" in Aragon: 2 wds.
2 Large, spotted feline of tropical America
3 TV chef whose catchphrases include "Bam" and "Kick it up a notch!": 2 wds.
4 Letterman's network letters
5 Sean Paul "Head ___" singer: 2 wds.
6 Lead ore samples
7 Diminutive suffix
8 Clothes hamper: 2 wds.
9 Punish with an arbitrary penalty
10 1970s White House name
17 Detect as if by smelling: 2 wds.
23 Saturate, in dialect
25 Comedienne Margaret
27 Expression of hatred
28 Like some arms
29 Cheapen
31 Cyclotron inventor ___ Lawrence
32 Frothy
35 "I Want You Back" boy band
41 Fed. assistance program
43 "Give ___ rest!": 2 wds.

137

Across

1 Cold-weather wear
6 "___ from Old Ireland" (first American movie filmed on location outside the U.S.): 2 wds.
10 Transmission-repair franchise founded by Robert Morgan: inits.
11 Calf-length dresses
13 Primitive weapon
14 Dallas suburb
15 Domain of Otto I, initially
16 Land in S.A.
18 Zoologist's foot
19 Channel for broadcasting
21 Come ___ halt: 2 wds.
22 Harem room
23 Family problem
24 Small decorative item: 2 wds.
27 Companion of the Greek war god Ares
28 Suffix with hotel
29 Answering machine button: abbr.
30 Hide from view or knowledge: 2 wds.
34 "Viewpoint only" letters
35 "In or Out" singer DiFranco
36 "___ Z Mysteries" (kids' book series): 2 wds.
37 Sound
39 ___ Dei, emblem of Christ
41 Deafening
42 Silent era femme fatale Pola
43 Fashion illustrator of the 1920s
44 1545 council site

Down

1 Nickname for Alexander
2 Italian island that gave its name to pants
3 Arab potentate: var.
4 Color TV pioneer
5 Prohibited
6 Good-sized
7 Like Abner
8 Electrical device
9 Eat at a restaurant: 2 wds.
12 "Such a shame": 2 wds.
17 Enthusiastic reception
20 "Barney Miller" character
23 Diet
24 "I'll have another": 2 wds.
25 How paints are sorted in a store: 2 wds.
26 One whose behavior is different from the norm
27 Worker nest-egg legis.
30 Training group
31 Antelope playground?
32 It might get you back on track: hyph.
33 Propose
38 "Am ___ risk?": 2 wds.
40 Essen's country: abbr.

138

Across

1 Orbital point
6 Shot a certain spray at
11 Please, in Potsdam
12 "Blame It on Me" singer Davis
13 Light ___ (almost weightless): 2 wds.
14 Division of McGraw Hill Financial, briefly: 3 wds.
15 Mid.
16 Got in on the deal: 2 wds.
18 River islet
19 Winston Churchill and Tony Blair, for two: abbr.
20 Maker of Rive Gauche, initially
21 Casually cheerful
23 Popeye's ___'Pea
24 Rapper in the supergroup The Firm, once
25 It paves the way
26 Vexes
28 Element #27
31 Tarzan creator's monogram
32 Old-style cry of disgust
33 Muslim saint or holy man
34 Relating to heat
36 Jordan Spieth's org.
37 American chameleon
38 "Find ___ and fill it": 2 wds.
40 Above-board, so to speak
41 Door, in Dieppe
42 Powerful sharks
43 Mexican OKs: 2 wds.

Down

1 1981 Genesis album that's also a rhyme scheme
2 Part of a flower comprising the stigma, style and ovary
3 Sprinter's brace: 2 wds.
4 "Lord, is ___?": 2 wds.
5 Sistine Chapel figures
6 Sail supports
7 Wings: Lat.
8 They cover sweet treats: 2 wds.
9 Ultimate application: 2 wds.
10 Parti-colored
17 "Melody Maker" alternative, initially
22 Prof.'s helpers
23 Rest day: abbr.
25 Protective features on shoes
26 Don't panic: 2 wds.
27 Muse of astronomy
28 102, in Roman numerals
29 "Atmosphères" composer György
30 Swaps
32 Acts nervous
35 Medley
39 "___ won't be afraid" ("Stand by Me" lyric): 2 wds.

139

Across

1. Duds
5. Dyers' plants
10. "Is that a ___ a no?": 2 wds.
11. Try to pick up: 2 wds.
12. Asian palm
13. Mournful poem
14. Restoring to health
16. Beast of burden
17. ___-Cuban music
20. Characteristic of a male child
24. Basketball's Irving, familiarly: 2 wds.
25. Ornamental vase
26. Letters in a ship's name
27. ___ Tomei, Kate in "Love Is Strange"
29. Fed: hyph.
30. Holiest city, to Muslims
32. Vague, unclear: hyph.
37. Military computer built under the codename "Project PX"
38. Open, grassy plain
39. Orange Crush competitor
40. It's from the heart
41. Betray contempt
42. Skipping sounds

Down

1. "Chicago" star, 2002
2. "Be with you in just ___!": 2 wds.
3. Like Chippendale furniture
4. "Well done!" for a prima donna
5. Atop which, old-style
6. In a fawning manner
7. "___ o'clock scholar": 2 wds.
8. Music's Snoop
9. Side channel of a river
10. Character voiced by Ossie Davis in Disney's "Dinosaur"
15. Adopt, as a cause
17. USNA rank
18. Brother's address
19. ___ Nabisco (former corporation name)
21. Periodic table suffix
22. Govt. agency that has your number
23. QVC rival
25. Auto dealership purchase: 2 wds.
28. White Rabbit's cry: 2 wds.
29. Maker of garments
31. B-natural: hyph.
32. Put ___ appearance: 2 wds.
33. Ancestry
34. Japanese capital (710–84)
35. Tolkien creatures
36. Classic 1950 film noir movie remade in 1988
37. Terrible grades

140

Across

1 Prefix with syllabic
5 J. Edgar Hoover employees: 2 wds.
11 Come into view
12 Covered in wool
13 Hold (up)
14 Church passages
15 Racing video game of old: 2 wds.
17 "I ___ you so!"
18 Clean air org.
21 Like some old photos
24 It's not clean
25 Edible marine fishes
26 In ___ (unborn)
27 Prefix with metric or phone
28 Hawk relative
29 Mile High Center architect
30 "Beloved" author Morrison
31 Villain
36 "I wish!": 2 wds.
38 R-rated, maybe
39 Defeatist's word
40 Nose: comb. form
41 Howler
42 Be, at the Forum

Down

1 Hannibal's hurdle
2 Satirical Sahl
3 Crude dude
4 Skin infection
5 Showing little emotion
6 Puppeteer Bil
7 "You're ___ much trouble!": 2 wds.
8 Sea traveler's ailment: 3 wds.
9 Nice time?
10 Super ___ (video game console)
16 Geologic periods
19 24-karat
20 "The dog is not ___" (house rule): 2 wds.
21 Unappetizing stuff
22 Ready to eat
23 Element #51
24 French isl. south of Newfoundland: 2 wds.
26 "Anchors Aweigh" readiness grp.
28 Immature ovum
30 Track set in a table for a router: hyph.
32 "___ Time at All" (Ronnie Milsap single): 2 wds.
33 Contented sighs
34 Mark Harmon series on CBS
35 Newcastle's river
36 Old trucking watchdog gp.
37 U.N. agency

141

Across

1 Overseas article
4 Uncle ___ (taxing relative?)
7 Univ. degrees
10 Gain access: 2 wds.
12 "Now I get it!"
13 Sustained burst of applause
14 Gun grp.
15 Trainee
16 "Major" in Munich
17 Ball girl?
19 It might be airtight
21 Gov. assistance to the needy
22 Opposite of hence
23 Chance
29 "Slumdog Millionaire" actor ___ Patel
30 Rx instruction, initially
31 "Frasier" character
34 Attention-getting sounds
36 "This ___ test...": 2 wds.
37 Doctor
39 All in the family
40 Drain diverter: hyph.
43 Country music's ___ Ridge Boys
44 Cap similar to a fez: var.
45 Old home loan org.
46 Bridge guru Culbertson
47 Want ad. initials

Down

1 Italian playwright Betti
2 Carson City's state: abbr.
3 All at once: 3 wds.
4 Like a snicker
5 First part of an encyclopedia, maybe: 3 wds.
6 Earl of Sandwich name
7 Actress Beulah
8 Bushy plant
9 Puppet lady Lewis
11 Slanted: abbr.
17 Grp. once headed by Seiji Ozawa
18 Never-proven mental ability: inits.
20 "Man of a Thousand Faces" Chaney
22 Off-roader's purchase, for short
24 Keats creation
25 Say again or differently
26 "No lie!": 2 wds.
27 Small bird
28 N.F.L. gains
31 Canon rival
32 Basketball Hall of Famer Thomas
33 Sri ___
34 "The Hero of Lake Erie"
35 Letters identifying the four voices in a choir
38 Iranian money
41 Enzyme suffix
42 Saigon soup

142

Across

1. ___ Picchu
6. Show with Jean-Luc Picard as the "Enterprise" captain, in fan shorthand
11. W.W. II torpedo vessel: hyph.
12. "... or I'll eat ___!": 2 wds.
13. Cape Cod town
14. Fencing needs
15. Suffix with Salvador
16. Navigational guidance pillar
18. Courtroom event
20. Cir. midpoint
23. Donkey's cry: hyph.
25. ___-Lite, group whose albums include "Infinity Within"
26. San Rafael's county
27. "Center" starts with one: 2 wds.
28. Camus's birthplace
29. Agreement
30. Boston or N.Y.C., e.g.: abbr.
31. Electrician, at times
32. Hebrew letter: var.
34. Elko-to-Reno dir.
37. "Braxton Family Values" sister
39. Send into ecstasy
41. In its original form, as a movie
42. "Gigi" star Leslie
43. "___ another": 2 wds.
44. Attacked: 2 wds.

Down

1. Apportion (out)
2. Magician's opening
3. Put up a fight in response
4. Laugh sound
5. Aiming for a state in which everything is perfect
6. Inhale an odor
7. Dittography, e.g.
8. From that point onward
9. Scot's denial
10. Fast sports cars, for short
17. Twist about a vertical axis (of a plane)
19. Nose: prefix
21. Four: prefix
22. In-basket stamp: abbr.
23. Managed care grps.
24. Holliday's O.K. Corral ally
25. 12 in Toledo
27. Sharp piercing cry
29. Band follower?
31. Ralph of "The Waltons"
33. Bathtub ring gunk
35. Greek promenade
36. Collapsed
37. River that flows through Mirandela, Portugal
38. ICU staffers
40. ___ an der Thaya, Austrian town

143

Across

1 EarthLink e.g., initially
4 Rx units
7 Computer user's shortcut, for short
8 G.I.'s address
9 Unnamed litigant
12 Expressing contempt about: hyph.
15 When some have brunch: 2 wds.
16 More pleasant
17 Heaven: Fr.
18 Brake part
19 Last part of something: 2 wds.
23 Explosive letters for Wile E. Coyote
24 Harmful
26 Mil. officer's charge
28 Affirm under oath: 2 wds.
31 Arduous
33 French-Belgian river
34 Great Lakes tribesmen
36 Diamond feature
37 Empty boasting
39 NASDAQ buy
40 Nice view
41 Blockhead
42 "___ hear!": 2 wds.
43 Org. concerned with water quality

Down

1 Collide
2 Nova follower
3 Sports supplement: 2 wds.
4 ___ Crunch
5 Navy NCO
6 In a minute
9 Earthquake magnitude measure: 2 wds.
10 Piled ___ top of another: 2 wds.
11 Plume source
13 Word of greeting
14 ___ Master's Voice
20 Autobahn hazard
21 Australian state letters
22 Female rabbit
25 Guatemala native
26 Professional cooks
27 French Revolution figure Jean Paul
29 Prepared for a drive: 2 wds.
30 Daniel of Nicaragua
32 Alphabetic run
35 ___ Club (Costco rival)
36 "Bless me, Father, ___ have sinned": 2 wds.
38 Popular 1920s auto

144

Across

1 Old Tokyo
4 Embrace
7 Bristle
10 M.D. colleagues
11 Gaseous beginning
12 Novel in Nuremberg
13 Sodden, saturated
16 "Am I the only one?": 3 wds.
17 Japanese golf great
18 "Keen!"
19 Discharges a gun
20 Rising and falling like waves
22 Pc. of the whole
25 Land est. in 1948
26 1960s protest grp.
27 Group of nations (Germany, France, etc.) with the same currency
30 "It's only ___!": 2 wds.
31 Like some vbs.
35 ___ Station
36 Stabilize
37 Elastic material from the latex sap of trees: 2 wds.
39 Takeaway game
40 Fig. with a diameter
41 Chatroom "I think"
42 Rudyard Kipling snake
43 Suffix with Canton
44 German's "the"

Down

1 Gen. Rommel
2 Enzyme that breaks down genetic material
3 Port of ancient Rome
4 Make consistent
5 Congo river
6 Miracle-___ (name in garden care)
7 Some rabbits
8 Saturday and Sunday
9 People who like to walk around naked
14 Part of Caesar's reproach: 2 wds.
15 "Hillary's Choice" author Sheehy
19 Tables and chairs, e.g.
21 Brit. award
22 Plant also called thrift: 2 wds.
23 Tropical American tree of the myrtle family
24 Father's mother
28 Defunct magazine that featured sci-fi
29 Jewish holiday eve
32 Mad
33 Swelling
34 Greek sandwiches
36 Hindu titles
38 One in a suit

145

Across

1 Antiviral drug, initially
4 Fight club, initially
7 Herd word
10 Risk assessors' group, initially
11 Zilch
13 Small area to prepare food
15 Second part of a theater production: 2 wds.
16 Parliamentary votes
17 Powerful bird
20 Prefix with fascism
22 Repetitive sounding Philippine city
26 Director's soundtrack instruction: 3 wds.
29 Tough going test
30 Papeete's island: abbr.
31 "Broken Arrow" star Michael
34 Rude person
37 Hawaii state birds
40 Magician's word
43 Style of enunciation in speaking
44 Coffee ___
45 Suffix with appoint or assign
46 Labor group initials
47 A hallucinogen, initially

Down

1 "May I ___ favor?": 2 wds.
2 Suffix on era names
3 Having designs inked on the skin
4 Opposite of cool, man
5 One of them?
6 Box of cigs: abbr.
7 Angler's hope
8 Stage org.
9 Long time
12 "Psst!": 2 wds.
14 Alliance that includes Azerbaijan, Armenia, etc.
18 Cambodian cash
19 Furniture wood
20 Sgt., e.g.
21 Where It.'s at
23 Constantinople, now
24 "Weetzie Bat" author Francesca ___ Block
25 "Oh my!" in Edinburgh
27 Treat roughly: 2 wds.
28 Chinese dynasty 2,000 years ago
32 "Yes ___," ambiguous reply: 2 wds.
33 New Deal org.
34 Directed
35 Award bestowed by "The Village Voice"
36 Tolkien monsters
38 Blows the play
39 Beach, basically
41 102, to Caesar
42 Yahoo! competitor

146

Across

1 Chilling: 2 wds.
6 Go-getter
11 "Tiny Bubbles" singer: 2 wds.
12 Train track bar: hyph.
13 Facilitates
14 Thrills
15 Continental abbr.
16 Pasta sauce maker
17 Cigar type
19 High points
22 Greenhouse area
24 Unit of conductance
25 Over or on: prefix
26 Little bit (of a drink)
28 Speak pigeon?
29 Dallas hoopster, briefly
30 Place to start a test-drive: 2 wds.
32 Arafat's grp., formerly
33 Jack of "The Great Dictator"
34 "That's hilarious!" in textspeak
36 Legal rights activist Guinier
39 Pleasant inhalation
41 Arm parts
42 Twisted and compressed to remove moisture
43 Calvin ___, 1984 Vardon Trophy winner
44 "Game of Thrones" Lady Crane actress Davis
45 Up ___ (trapped): 2 wds.

Down

1 Concert sites
2 "How the World Works" author Chomsky
3 Feeding on worms and other invertebrates
4 Innocent
5 Goddess of the dawn
6 George nicknamed "Mr. Basketball"
7 At first: abbr.
8 Home appliance: 2 wds.
9 Apt. feature in ads
10 Monogram of Dr. Jekyll's creator
16 Extreme
18 Wanna-___ (poseurs)
20 "This tastes terrible!"
21 Dirty coat
22 Rope fiber
23 Fall gemstone
27 Neighbor of India: abbr.
31 Small stream
33 Adult: 2 wds.
35 Bygone science magazine
37 ___ the Great (boy detective)
38 "Of course!": 2 wds.
39 Floor
40 Reading and Short Line, in Monopoly: abbr.
41 "___ Lazy River": 2 wds.

147

Across

1 Spooks

6 Logos and the like: abbr.

9 Go away

11 Prefix meaning one tenth

12 Writer/director Nora

13 Tavern, old-style

14 Baseball Hall of Famer Aparicio

15 ___ State, New Jersey's nickname

17 Baseball field cover

18 ___ end point (fix a limit): 2 wds.

19 Chemical compound suffix

20 Oscar-winning movie score composer Piovani

21 In other words: 2 wds.

23 Fight, casually: hyph.

26 Hug and kiss in Kensington

30 Pick any number from ___ ten: 2 wds.

31 Au ___

32 Ascend

34 Will Varner's daughter-in-law in "The Long, Hot Summer"

35 Buckwheat pancake

36 Murders: slangily, 2 wds.

38 Place for a breath of fresh air?

39 Go over

40 Latin examples, briefly

41 Chicago airport

Down

1 Slim

2 New Guinea native

3 Speedy Suzuki

4 Extremely loud: hyph.

5 Pou ___, basis of operation

6 Care for

7 Bill ___ (Phil Hartman's "NewsRadio" character)

8 Reddish brown

10 Famous twin

11 Words quoted as actually said: 2 wds.

16 Garage sale warning: 2 wds.

20 India neighbor, briefly

22 Many comedy teams

23 Increase twofold

24 Disconnect from an electricity supply

25 Finches related to canaries

27 Sartre novel

28 More greasy

29 Rio ___ (Gulf of Mexico feeder)

33 Ethnic group of Vietnam

37 Grater maker

148

Across

1 Darkest part of a shadow
6 Errand runner, casually
11 "Norwegian Wood" instrument
12 Rio Grande do ___, Brazil
13 Difficult situation
15 One of 100 in D.C.
16 Interest loan fig.
17 Federal warning system, initially
18 Swab analysis site, briefly: 2 wds.
20 Lazy and black-eyed
23 Alone
26 Prefix with cranial or muscular
27 Type of legal action: 2 wds.
28 University mil. group
29 Dutch royal house
30 Plant of the mint family
32 Ref.'s ruling
34 TV channel relaunched as "Versus" in 2006
35 Some coll. degrees
38 Chinese vegetable: 2 wds.
41 "It's ___ against time": 2 wds.
42 Schectman who scored the first basket in the NBA
43 Football's Grier
44 Forty-___ (prospector)

Down

1 FedEx rival
2 Goo
3 Bingo call: 2 wds.
4 Totally cool: abbr.
5 Monteverdi opera
6 Distort
7 "___-Pah-Pah" (song from "Oliver!")
8 City and county of Minnesota
9 1169 erupter
10 Soaks, as flax
14 They prepare tax returns, shortly
18 Austen character
19 No problem at all: 2 wds.
20 Arthur Conan Doyle title
21 Card game with 108 cards
22 Columbus discovery of 1493: 2 wds.
24 Bird's "drumstick"
25 "Take Me Bak ___" (1972 Slade song)
27 Affixes T-shirt designs: 2 wds.
29 Munch Museum site
31 County fair cry
32 Skier's aid: hyph.
33 Brand of corn syrup
35 Rigging pro
36 French silk
37 Suffix with hip
39 Letters accompanying some 2,000-year-old+ dates
40 Chinese philosopher Chu ___

149

Across

1 "La Reine Margot" actress Virna

5 Of ___ (somewhat): 2 wds.

10 Saying: "… full of pains ___ old window": 2 wds.

11 Juicy fruit, such as lemon, orange, etc.

12 Races the engine, briefly

13 Cloverleaf part: hyph.

14 Zwei plus eins

15 Aid group, often: inits.

16 Longshoreman

21 Turn red, perhaps

23 Unsolicited MS., perhaps

24 Cardinals, on scoreboards

25 French painter and sculptor Jean

27 Meas. taken during a physical

28 Sch. periods

30 VCR insert: 2 wds.

32 Exactly the same

34 City, in slang

35 Some corporal punishment

38 Movie critic Joel

41 Blows up, initially

42 One who answers a lot of questions

43 "There's more than one way to skin ___": 2 wds.

44 From Nineveh: abbr.

45 1987 Costner role

Down

1 Enrich, in a way

2 Czech river that is an Elbe tributary

3 Cuts corners: 2 wds.

4 As found: 2 wds.

5 Basketball star Danny

6 Walked with a purpose

7 ___ pro nobis (pray for us)

8 Bacardi, e.g.

9 Sugar amt.

11 Car with a detachable roof

17 Notable time

18 All in all: 2 wds.

19 Mounties' acronym

20 Nadelman, sculptor of the bronze "Man in the Open Air"

21 Actor Oka of "Heroes"

22 "O, my love is like ___…," Burns: 2 wds.

26 Cable material, initially

29 Tightly

31 Scottish pattern

33 Person who corners others

36 School orgs.

37 Jet-setters' jets, once

38 Getaway

39 Android alternative for smartphones

40 Certain trains

150

Across

1 "___ Yankees"
5 Andean ruminant
10 Org. that sues pirates
11 ___ Linda, CA (Nixon Library site)
12 ___ and sciences
13 Hannibal ___, character in "The Silence of the Lambs"
14 Admiral Richard ___, first to fly over the South Pole
15 "This ___ joke, right?": 2 wds.
16 Frost's foot, perhaps
18 "___ of Duty"
22 Not translucent
24 Feminine suffix
25 Fold or mutilate
26 Soviet mil. intelligence org.
28 Up to, in ads
29 Depositor's holding: abbr.
31 Be that as it may
33 Fan sounds
34 "___-Team": 2 wds.
35 Links prop
37 It touches the Pacific O.
40 Burned brightly
43 Gds.: abbr.
44 Kind of cross
45 Help
46 Some police dogs, briefly
47 Lenin's refusal

Down

1 Boring, colorwise
2 Delicate
3 Female head of a household
4 NYSE rival
5 Caustic cleaners
6 Sniff out
7 Frick collection
8 Two-year degree type
9 Rhine feeder
13 Set free
17 Coffee holder
19 To all appearances
20 Federal agency, initially
21 Depend (on)
22 "ER" actor Epps
23 Cousin of an agouti
27 Granite State sch.
30 Letter-shaped band on a shoe: hyph.
32 "Star Trek" rank
36 Otters eat them
38 Salinger's "love-and-squalor" girl
39 Exploit
40 Measure of lift v. weight, initially
41 ___-di-dah
42 Bananas

151

Across

1 Explorer, Safari, and Navigator, e.g.
5 "Green ___" (1960s sitcom)
10 Light ___ (floaty): 2 wds.
12 Heavy sound of impact
13 Front of a manuscript leaf
14 Parasitic insect
15 ___ Darya (river of central Asia)
16 Move (goods) illegally
18 Fix, as a male cat
20 Pillbox, e.g.
21 Conductor Zubin
23 Old greeting
24 Lake of talk TV
26 Lid or lip application
28 Blow-up: abbr.
29 Went white
31 Ethnic group of Vietnam
32 Start over with pad and pencil
35 Fit the requirements
38 "Strange Magic" band, for short
39 Relating to one of the arm bones
40 Duck
42 "Boy, Did ___ Wrong Number!" (1966 movie): 3 wds.
43 Flip of a hit single: 2 wds.
44 Fathers, to Pierre
45 "9 1/2 Weeks" director Adrian

Down

1 ___ Wrap (plastic wrap brand)
2 1972 Bill Withers hit: 2 wds.
3 Dirt Devil, e.g.: 2 wds.
4 Get benched
5 First Amendment lobbyists, for short
6 Blockage
7 Simple but adequate: 3 wds.
8 Put in irons
9 Biting fly, slangily
11 Fruit used to make tea and jelly
17 1980s TV star who hosted a reality show called "I Pity the Fool": 2 wds.
19 William Shatner title drug
22 Spellbound: 2 wds.
24 Provide with new supplies
25 Pander to
27 Danger in Afghanistan, initially
30 Boxer's bellow
33 Mayflower Compact signer
34 "___ unto him who ...": 2 wds.
36 After curfew
37 401(k) cousins, briefly
41 Cruella de ___, 101 Dalmatians antagonist

152

Across

1 Japanese noodles
5 Hostel, in Anatolia
11 Kind of wave
12 Grinding teeth
13 Upswing: abbr.
14 Hester of "The Scarlet Letter"
15 Mawkish sentimentality
17 Steve Antin movie of 2010
21 True inner self
23 Actress Linney
24 ___ for tat
25 "Absolutely" and "positively," for example: abbr.
26 Black Sea port, new-style
29 Hard to pin down
31 Element #40
33 Denoting an important route
36 Sylphlike
39 "It's either him ___!": 2 wds.
40 ___ a button: 2 wds.
41 Make a hole bigger
42 Big name in publishing
43 Horned vipers

Down

1 ___ Tzu (toy dog)
2 Wine: prefix
3 Malicious gossiper
4 Circulatory chamber
5 Urge
6 Choice bit
7 Milano of "Who's the Boss?"
8 Fled
9 Coastal flier
10 Canadian market inits.
16 Gun owner's org.
18 Boggy places
19 Language of Pakistan
20 Gutter locale
21 From ___ (completely): 3 wds.
22 Spiders' nests
27 Periodontal scraper
28 Main lines
29 Fight (for)
30 Light show
32 Explosive experiment: abbr., 2 wds.
34 "Do I have to draw you ___?": 2 wds.
35 NASA craft, initially
36 RPI, e.g.
37 Saturn ___, sport utility vehicle
38 LAX info

153

Across

1 Circumspect
6 Newly silent, perhaps
11 Former Turkish bigwig
12 It may be organized
13 Highway divided by Lake Michigan: 2 wds.
14 Bar soap name
15 Dispersing thinly
17 Calculator symbol
18 Bobby and others
21 Channel swimmer Gertrude
25 Major Baroque composer's monogram
26 Darin bride of 1960
27 Comic Caesar
28 Egg capsule
30 Full of frills
31 Make an effort: give ___: 3 wds.
33 Inopportunely
38 Houses, in Spain
39 Computer owners
40 Cat ___ tails: 2 wds.
41 French hat
42 Lisa of "Biker Boyz"
43 Settles comfortably and cozily

Down

1 Computer parts that control operations
2 Door securer
3 Stargazing, briefly
4 French cathedral city
5 One-named New Age musician born in Greece
6 Stop, close up or obstruct
7 Hold 'em challenge: 2 wds.
8 Paint
9 Online 'zine
10 Actress Susan
16 Convex bone in the leg
18 Juan's eye
19 Bible edition, initially
20 Clean-up hitter's stat., initially
22 Pretoria's country letters
23 Driver's ID: abbr.
24 Joseph ___, who lent his name to some ice cream
26 Computer program input: 2 wds.
29 Pyrophoric gas
30 Ease up
32 Bait shop stock
33 Fighting word that means "hand"
34 A ___ "apple": 2 wds.
35 Cuzco's country
36 It's below Wash.
37 Some J.F.K. arrivals
38 Part of a cornstalk

154

Across

1 Of the cheekbone
6 Burglar
10 Classic toothpaste brand
11 Prefix with logical
12 Conventional greeting: 2 wds.
14 Like the letter Z: abbr.
15 Egg: prefix
16 Third section in a dictionary
17 Ernie of golf
18 A few: abbr.
19 N.Y.C. subway line
20 Leopold's partner in crime
22 Lasso
24 Item on a chain: 2 wds.
26 Xerox competitor
28 Short pencil
32 J.F.K.'s party: abbr.
33 N.A.S.A. vehicle
35 Blow-up: abbr.
36 Pilot's announcement letters
37 Constellation next to Telescopium
38 Local educ. support group
39 High rollers: 2 wds.
42 W.W. II guns
43 Rank below capt.
44 Architect Saarinen (1910–61)
45 Approvals

Down

1 Michael, in Mexico
2 Artemis's twin
3 Chinese philosopher of long ago: hyph.
4 Furthermore
5 "American Dreams" actress Sarah
6 Ginza gelt
7 Bring out
8 Family subdivisions
9 Fetch, so to speak: 2 wds.
11 Minor details
13 Song that features the line "The Yanks are coming": 2 wds.
21 Lighter brand
23 Holder and RFK, for short
25 Go round and round the course: 2 wds.
26 Stop working
27 Graphics machine
29 Conical tents
30 "That's a lie!"
31 Criticizes harshly or violently
32 "Home Improvement" actress Dunning
34 Hairy-chested
40 ___-Off (windshield cover brand)
41 Funny or ___ (comedy website)

155

Across

1 King, in Hindi
5 Absolute
10 Composer Khachaturian
11 Meager
12 Follower of Hitler
13 Covers with soil
14 Chichén ___ (Mayan city)
15 GPS result
16 Girder: hyph.
18 Award given by a cable sports station, initially
22 Tetley tidbit: 2 wds.
25 Propyl suffix
26 ___ child
27 Alexandra in "Law & Order"
29 Technology that uses polarized light, initially
30 Rare earth element
32 Throw away
34 Newbie
35 Med. plan
37 Fluidly flippant
40 "Accept the facts!": 2 wds.
43 Em, to Dorothy
44 "Ripe" life stage: 2 wds.
45 Fork prong
46 Observers
47 Eat to excess, shortly: 2 wds.

Down

1 Delhi princess
2 Lillian Jackson Braun's "The Cat Who Smelled ___": 2 wds.
3 Exuberant gesture with splayed fingers: 2 wds.
4 Friendly
5 Card game for three
6 Successful job seeker
7 CPR giver
8 Book after Galatians: abbr.
9 Trains: abbr.
11 Sawlike organ
17 Ethereal
19 Not quite solid
20 Tire, in Paris
21 Backwoods affirmative: 2 wds.
22 Lean
23 Old ExxonMobil brand name
24 Greek salad chunks
28 Thank you, in Japan
31 Government bond, for short: hyph.
33 Rid of fleece
36 Planes in "Top Gun"
38 ___ way, shape, or form: 2 wds.
39 Bingo call: 2 wds.
40 Combatant
41 Son of Aga Khan
42 Alphabetical run

156

Across

1 ___ d'oeuvre
5 Anytime: 2 wds.
11 Certain util.
12 Baseballer who played 2,130 consecutive games
13 1935 loser to Braddock
14 Whoever
15 Power to produce the result intended
17 Kind of bean
18 ___-al-Arab (Iraqi waterway)
21 Not reacting
25 Suffix with arbor or app
26 Actress Gardner of "Mogambo"
27 Non-gaming hotel on the Las Vegas Strip
30 Kind of drive: hyph.
32 Newsman Garrick
34 Source of materials to nourish the body
39 Nero or Caligula
40 Boone's nickname
41 Cat of many colors
42 Pierre's brainstorm
43 Having a harsh, high-pitched sound
44 Academy Award winner Blanchett

Down

1 "H.M.S. Pinafore" character
2 Count ___ ("A Series of Unfortunate Events" villain)
3 Coral ___
4 Cast lines
5 "Not ___!"
6 Axioms
7 "Sounds like a good idea!": 2 wds.
8 Camaro ___-Z
9 Wrinkled
10 Bigger than med.
16 Summons: abbr.
18 Wheeled moon vehicle, initially
19 Taken in
20 Taking after: 2 wds.
22 Row
23 Nobel-winning Andric
24 Video recorder, for short
28 Pasternak's homeland
29 Go after
30 100 yrs.
31 Pertaining to the number 2
33 Conductor Anderson
34 Coal-rich German region
35 River to the Ubangi
36 Nothing, in Nicaragua
37 Tech. product reviews website
38 Part of a C.S.A. signature: 2 wds.
39 300, to Nero

157

Across

1 Ships' commanders, briefly
6 Construction site sight: hyph.
11 First eight lines of a sonnet
12 Tiffany Trump's mother
13 Mushroom used in Japanese cooking
14 Follow, as advice: 2 wds.
15 Hillary Clinton, briefly
16 Disease caused by vitamin D deficiency
18 From one side to the other
20 Loathsome
22 Flightless Australian birds
26 Nothing to it: 2 wds.
27 Paul, in Padua
28 "As-Seen-On-TV" company: hyph. 2 wds.
29 Second-mentioned
30 Mischievous
32 Restaurant seater
35 Suffix with Caesar
38 Radio station sign: 2 wds.
39 "M" star Peter
41 Confuse
42 Caught congers
43 Mielziner design
44 Toys on strings: hyph.

Down

1 Dorm dweller
2 Clearasil target
3 Food-poisoning cause
4 William Shatner title drug
5 Rider's foot support
6 Apple desktops
7 Places for wannabe drivers: 2 wds.
8 Art deco illustrator
9 Immensely: 2 wds.
10 Staffs
17 Island north of Santorini
19 Alliance of political parties
20 Acorn producer
21 Letters that change hands in April?
23 Protectively maternal
24 Diminutive suffix
25 Fraternity's female counterpart: abbr.
27 Patterned fabric
29 Records that may be broken, briefly
31 Highway sign
32 Fireplace shelves
33 A hundred bucks: 2 wds.
34 Reliable
36 Of Mars (comb. form)
37 Actors Bellamy and Eisenberg
40 Antipoverty agcy. created by LBJ

158

Across

1 Nonsense
6 Order of Greek architecture
11 Minneapolis suburb mentioned in "Fargo"
12 Silence
13 Rice ___
14 She fell for Tom in "Jerry Maguire"
15 Help
17 Tie up
18 Waters, informally
20 Milano of "Who's the Boss?"
24 Letters on a rubber check
25 Volkswagen hatchback
26 Elver's elder
27 Knowledgeable in Nantes: 2 wds.
29 Gp. for Baby Boomers
30 Depth charge targets: hyph.
32 One who dislikes everything English
36 Follow
37 Cox of "Beverly Hills Cop"
38 Bikini blast, briefly: 2 wds.
39 Arab leader: var.
40 Early Britons
41 Growth in a marsh

Down

1 Air filter acronym
2 Harem rooms
3 Thing that's childishly simple: 2 wds.
4 Drawers
5 "That time of year thou ___ in me behold" (Shakespeare's Sonnet 73)
6 Amos Oz, for one
7 "The Gift of the Magi" author: 2 wds.
8 "___ Dimittis" (canticle in the Book of Luke)
9 Fortune teller's opening: 2 wds.
10 Comrade of Fidel
16 "Is ___ much to ask?": 2 wds.
18 Alfonso XIII's queen
19 First Fiesta Bowl winner, initially
21 Added salt and pepper
22 Sun. delivery
23 European mount
25 Organs of a chicken
28 Grand
29 Not out of the house: 2 wds.
31 ___-ski
32 Detractor
33 One sixty-billionth of a min.: 2 wds.
34 Blood type, for short: 2 wds.
35 Australia's largest salt lake
36 Literary monogram

159

Across

1 "The Incredible Flutist" composer Walter

7 Passbook abbr.

10 Honor

11 Honeybunch

12 Pants that reach only to the thighs

13 Prefix with pod or pus

14 Kind of file: abbr.

15 Stock exchange in Paris

17 India.___, singer of "Little Things"

18 Letter-shaped girder: hyph.

19 It builds interest

20 Lace with a square mesh

21 From head ___ (completely): 2 wds.

23 Put ___ to (finish): 2 wds.

25 Huff and puff

29 "32 Flavors" singer Davis

30 Vigoda and Saperstein

31 Blues singer Barton: 2 wds.

33 Dissolute man

34 MIT grad, perh.

35 Fun park car: hyph.

37 Grayish

38 "Carmen" and "La Traviata"

39 Negating word

40 Horse rider's seat

Down

1 Computer language

2 Miami Marlins outfielder Suzuki

3 Scum formed on molten metals

4 Celebration of a 300th anniversary

5 Choose

6 Crash investigating agcy.

7 Dictate

8 Bothers persistently: 2 wds.

9 Intro to a book

11 Left one's car alongside another: hyph.

16 Akron's home

20 Flower delivery letters

22 "Chestnuts roasting ___ open fire…": 2 wds.

23 "The Mysteries of Laura" costar Laz

24 Zilch

26 "All ___!" (conductor's shout)

27 Nerve-related

28 Sleeping sickness carrier

29 "Yond Cassius has ___ and hungry look": 2 wds.

32 Gps. like Rockerfeller Foundation and Save the Children, to the UN

36 ___-Locka, Florida

160

Across

1 Letters on a rubber check
4 Enzyme suffix
7 Fight
10 Lucy of "Elementary"
11 Windy City rail system letters
12 Sch. whose mascot is Cy the Cardinal
13 Former name of the cable network Versus, initially
14 Geom. figure
15 Z preceder?: 2 wds.
16 Female superhero: 2 wds.
19 Chihuahua bark
20 Resentment
21 Big name in brewing
23 Make progress: 2 wds.
26 "Ain't happening": hyph.
27 Civil War side, with "the"
28 Southern Iraqi city
30 Blues musician Bonnie
31 "Can ___ least sit down?": 2 wds.
32 Abbr. in company names
33 Flat strip on the neck on a stringed instrument
38 T-shirt label abbr.
39 Sports drink
40 When doubled, a yellow Teletubby
41 Federal warning system activated by FEMA
42 June preceder
43 ___ Soundsystem, band fronted by James Murphy
44 Welfare org.
45 Chicago to Miami dir.
46 River in Somerset

Down

1 Sweet ___ (sugar substitute): 2 wds.
2 Corn storage facility
3 Comic behavior: 2 wds.
4 Swallow
5 Cookbook direction
6 Small elongated insect
7 Directly (opposite)
8 Charles barker
9 "___ giorno!"
17 Dinnerware washer
18 Pizza herb
21 Popular meeting place, in London
22 "I knew it!"
24 Granola bit
25 W.S.J. rival
29 Elite groups: hyph.
30 Cut of beef: 2 wds.
33 Cut out
34 Certain food stores, initially
35 Vitamin bottle info.
36 "The Amazing ___" (game show)
37 Area above a column base, in architecture

161

Across

1 Stinging insect
5 Food Network celeb ___ De Laurentiis
10 Climax
11 Encourage
12 Laser-pointer battery, initially
13 All worked up: 3 wds.
14 Show disapproval towards, as a speaker: 2 wds.
16 First TV drama to feature a black actor: 2 wds.
17 Greek hearth goddess
19 Syllable of dismissal
21 "And that's that!": 2 wds.
25 Light starter?
26 Delivery room doctors, for short
27 In place of
28 Release: 2 wds.
30 Kind of approval letters
31 Potsdam Conference attendee
33 Henry VIII's sixth
36 "___ Dream" (Presley album): 3 wds.
39 Slender church spire
41 Major addition?
42 Astronaut Pete, third man to walk on the Moon
43 "___ guys like you for breakfast!": 2 wds.
44 Fixes kitty
45 Bookie's quote

Down

1 Cry from a crib
2 Health food berry
3 Big success: 2 wds.
4 Porridge ingredient
5 Geometry suffix
6 "Four Essays on Liberty" author Berlin
7 Biol. energy sources
8 Adele's "Rolling in the ___"
9 Chichi
11 Extremely angry: 4 wds.
15 Catalog
18 In ___ (per se)
19 Military bases: abbr.
20 Merino mother
22 Settled unconditionally
23 Abacus part
24 Onetime NOW cause
29 Long way (from): 2 wds.
32 Refrain in "Old MacDonald"
33 Some G.I.s
34 Crooked
35 "General Hospital" actress Sofer
37 Not much: 2 wds.
38 Clears
40 Orders

162

Across

1 Full of too much energy
6 Martini's partner
11 Saint in Brazil
12 Before
13 State fruit of Idaho
15 Honors word
16 Drunk ___ skunk: 2 wds.
17 Explorer John
19 North Dakota city
21 Like an ignited dessert
23 Feature of blue jeans or a baseball
26 ___ Argento, Italian film director, producer and screenwriter
27 Beatles' "Eleanor ___"
28 Stitches
29 "Are you sure?" reply: 3 wds.
30 Frank ___, New York Sportswriter of the Year in 2015
32 Islet
33 Starter: abbr.
35 Late "Queen of Salsa" ___ Cruz
37 "Boogie Woogie Bugle Boy" singer: 2 wds.
41 End of ___: 2 wds.
42 International Tennis Hall-of-Famer Monica
43 Show shown again on TV
44 Is forbidden to

Down

1 Dash inits.
2 Sports org. for nonprofessionals
3 Long period of darkness and extreme cold scientists predict would follow a full-scale atomic war
4 Actress Chase
5 Peter Falk role
6 Salsa singer Blades
7 First or second number in the Fibonacci sequence
8 In a calculated manner
9 Business letter addressees
10 ___ Prigogine, Nobel Prize-winning physicist
14 1982 Plimpton best seller
17 Country addresses, for short
18 Wings of an insect
20 Medical suffix
22 Be absent from
24 Quatrain rhyme scheme, sometimes
25 "Goodness gracious!": 2 wds.
27 Sober outlook
29 Source of all matter
31 Bounding main
33 Bridge support: hyph.
34 "Blazing Saddles" actor Wilder
36 Cranial bulb?
38 Jay Presson Allen play of 1989
39 Velvet add-on
40 Q trailers

163

Across

1 Soliloquy starter: 2 wds.
5 "Any Day Now" singer Ronnie
11 Ancient Palestinian land
12 They produce mushroom clouds, briefly: 2 wds.
13 Super Bowl XLVIII outcome, scorewise
14 Almost
15 Prefix with dexterity
16 N.Y.C. rapid transport system, once
17 Short lecturer?
19 "___ Came Back Again" (Johnny Cash song): 2 wds.
23 1985 Pointer Sisters hit: 2 wds.
25 Red or Cardinal, for short
26 Wedding phrase: 2 wds.
27 Atlantic crosser letters
29 "...good witch ___ bad witch?" (question from "The Wizard of Oz"): 2 wds.
30 Banish to Hades
32 In addition: 2 wds.
34 Big name in photography, once
35 "Happy Days Are Here Again" composer
36 "Can't Help Lovin' ___ Man" (song from "Show Boat")
38 Latch (onto)
41 Sushi condiment
44 Contributed
45 With hands on hips
46 River the Chinese call Heilong
47 Filter
48 Tachometer readings, initially

Down

1 Prefix with watt
2 Lamar of "Khloé & Lamar"
3 Strong enough to resist explosives
4 Dominion
5 Appearance of a ghost
6 Coast-to-coast highway: 2 wds.
7 Opener: hyph.
8 Outdated atlas letters
9 U.S./Eur. divider
10 "Gentleman" singer
18 Sounds of Brahma, Vishnu, and Siva
20 Tall device for giving light: 2 wds.
21 Deli sandwich
22 Part of Q.E.D.
23 "Baby ___ Bad Bad Thing" (Chris Isaak song): 2 wds.
24 "Epitaph to ___" (Byron poem): 2 wds.
28 Dress (up)
31 Blavatsky or de Pompadour
33 Change is important to him
37 French clergyman
39 Egg cell
40 Seas, to the French
41 Occurred
42 "Canine Good Citizen" org.
43 Respected fellow

164

Across

1 Hoodoo
6 9-3 Aero Sedan maker
10 "You ___ Beautiful" (Cocker hit of 1975): 2 wds.
11 Zoe Saldana role, Nyota ___
12 ___ boom
13 Absent: 2 wds.
14 Raw material sent to some textile plants
16 New Zealander
17 1995 earthquake city
20 Animal dandruff
24 Islet
25 Initially, a psychic gift
26 ___ y plata (Montana's state motto, meaning "gold and silver")
27 "Haven't a clue": 2 wds.
29 Brute
30 "___ as I'm concerned…": 2 wds.
32 Patron, sponsor
37 Bluebird genus
38 Dog breed, ___ apso
39 Newsman Roger
40 Blotto
41 Frequent site of spectacles
42 Spreads

Down

1 Like some nouns: abbr.
2 Slangy ending for buck
3 Mannerly man, briefly
4 "Am I to blame?": 3 wds.
5 Après-ski drink
6 Person certain to succeed: hyph.
7 Car
8 "Sea" whose name means "sea of islands"
9 Hanger-on?
11 Open, in a way
15 Dozes: 2 wds.
17 Trombonist Winding
18 Suffix with human
19 1,055 joules, initially
21 Follow
22 Foul up
23 Old World deer
25 Stamp, as a document
28 Kids' caretaker: var.
29 Source of litmus
31 Finnish architect Alvar ___
32 Former capital of Moravia
33 Some shoe sizes
34 Bind
35 ___ buco
36 Some stingers
37 Accelerator bit

165

Across

1 In the company of
5 Mythical fire-breathing monster
11 Golfer Aoki
12 Actress Marilyn
13 Agriculturist Jethro ___
14 "No more, thank you": 2 wds.
15 Sharp piece of wood
17 Board member: abbr.
18 "Autumn Leaves" singer Montand
22 Imbibes: 3 wds.
26 Anglo-Saxon letter in the form of a crossed 'D'
27 Color anew
28 Billy Dee role in "The Empire Strikes Back"
30 First name in Notre Dame football
31 Nuclear structure
33 Jab at
35 Small island
36 Full of twists and turns
41 Forgo
44 Propel with force
45 Citizen of Sana'a
46 "Cup ___" (1970s Don Williams song): 2 wds.
47 Literary postscript
48 London stoolie

Down

1 Mental acuity
2 "The jig ___!": 2 wds.
3 Farfetched
4 Jazz musician Billie
5 Composer Shostakovich
6 "City of Seven Hills"
7 Furious
8 One doz. doz.
9 Queenside castle, in chess notation
10 Dime novelist Buntline
16 Nickname for a San Francisco football team
19 Let out
20 Plant of the arum family
21 Manhattan restaurateur Toots
22 1960s militant Brown, familiarly: 2 wds.
23 Flying start?
24 Neb. neighbor: 2 wds.
25 Braid
29 Follow: 2 wds.
32 Small elongated insect
34 Lucy's friend, on "I Love Lucy"
37 Vintner's prefix
38 "I'm Gonna Wash That Man Right ___ My Hair"
39 Manipulative person
40 "Othello" playwright: abbr.
41 One of two that view
42 Calendar abbr.
43 901, to a Roman

169

166

Across

1 VHF's counterpart
4 Ship puller
7 Word used to express disgust, slangily
10 "___-wee's Big Adventure"
11 Antiviral drug, initially
12 Shag rug made in Sweden
13 "Ta-ta!"
15 Confident to the point of impudence: 3 wds.
17 ___-One (rapper who guested on R.E.M.'s "Radio Song")
18 The Eagle that landed, initially
19 "Middlemarch" author
21 Clicked communication: hyph.
24 Not shallow
25 "There ___ there there" (Gertrude Stein): 2 wds.
26 Chinese sea goddess: var.
28 "Give ___!" ("Try!"): 3 wds.
29 Responses to a masseur
30 Not a thing
31 Member of a Missouri baseball team, for short: 3 wds.
36 Forest plant: 2 wds.
37 "___ Carter" (Lil Wayne album)
38 Secretive maritime org.
39 S.F. setting
40 Big ISP
41 Actor Hakeem ___-Kazim of "24"
42 CA and KS, e.g.

Down

1 Directed skyward
2 Derisive laughs
3 Like putts that come up way short
4 Dip made from fish roe
5 Action movie weapons
6 Some Pontiacs, shortly
7 Tarzan creator's monogram
8 Neb. neighbor
9 Portable two-way radio: hyph.
14 Very reclusive
16 Soft return in tennis: 2 wds.
19 Harvard deg.
20 Grassy area
22 Verb suffix
23 British john
27 Seizes
28 Atlas features
31 Cow-caller's cry
32 Lake ___ (Blue Nile source)
33 Suffix with art or ant
34 Greek consonant
35 Indian lentil dish

167

Across

1 Anatomical cul-de-sac
6 Make-or-break times: hyph.
11 First choice of schemes: 2 wds.
12 Certain fisherman
13 Univ. military programs
14 Mazda model
15 Marsupial of northern Australia
17 Danish Nobelist Niels
19 Hollow under the upper limb where it is joined to the shoulder
23 At hand: 2 wds.
25 Italian note
26 Letters on some invitations
27 TV's "Emerald Point ___"
28 Super ___ (GameCube predecessor)
29 Cyberchuckle
30 Impose (upon)
32 Author Welty
34 "My Cup Runneth Over" singer Ed
35 Gather on the surface, chemically
37 Reagan's second Attorney General
40 Ex-president of Argentina
43 Muslim ascetic who lives on alms
44 ___ worse than death: 2 wds.
45 Like May through August, letterwise: hyph.
46 Disintegrated, as cells

Down

1 Health care pressure group, initially
2 "Xanadu" grp.
3 Encounter difficulties, so to speak: 2 wds.
4 Straighten out
5 Church service
6 Most reserved
7 Religious doctrine
8 C.S.A. state
9 Now
10 Overseas title: abbr.
16 Wrinkle-rinded melons
17 Scripture book
18 "I've got my eye ___!": 2 wds.
20 Outer regions of shadows
21 ___ la Cité (Paris site): 2 wds.
22 Shocks with a device
24 As commanded: 2 wds.
31 Make less dense or solid
33 Spring locale
36 Fire ___
37 Maker: abbr.
38 Suffix with corn or cochin
39 Barely get, with "out"
41 Suffix with cap or coy
42 Former Dodgers general manager Colletti

SOLUTIONS

1

S	C	R	A	M	■	W	A	S	O	F
A	L	E	T	A	■	O	R	A	L	B
S	O	S	A	D	■	O	P	E	N	S
E	D	U	■	T	E	D	S	■		
■	R	S	V	P	S	■	A	M	U	
I	M	R	E	■	S	Y	S	T	E	M
D	I	E	T	■	■	T	T	O	P	
I	N	C	I	T	E	■	Y	E	W	S
O	A	T	■	R	O	L	E	N	■	
■	G	A	E	D	■	U	A	R		
J	A	R	O	D	■	O	M	A	R	A
A	M	O	R	E	■	P	E	T	E	S
S	A	T	Y	R	■	A	H	E	A	P

2

S	A	N	D	H	O	G	■	E	L	I	I
D	A	N	I	E	L	S	■	R	I	B	
S	H	E	R	B	E	T	■	T	E	A	
■	T	R	S	■	G	E	A	R			
L	A	Z	Y	■	O	D	I	S	T	S	
I	N	I	T	■	N	E	A				
V	I	T	R	O	■	I	N	T	E	R	
■	I	N	F	■	T	A	T	I			
T	H	E	C	I	A	■	P	L	A	T	
O	R	S	K	■	U	T	A				
R	O	T	■	A	N	O	N	Y	M	S	
A	S	E	■	H	A	N	D	S	I	N	
S	S	R	■	L	E	G	A	L	L	Y	

3

L	A	M	B	■	I	M	P	U	R	E
I	R	A	E	■	D	A	R	N	E	D
M	U	S	C	L	E	B	O	U	N	D
O	T	T	O	S	■	■	O	M	O	O
■	■	M	T	W	T	F	■	■		
I	M	R	E	■	O	L	S	E	N	S
C	E	E	■	B	U	C	■	P	C	T
S	H	E	K	E	L	■	V	I	O	L
■	E	N	D	O	W	■	■			
A	N	I	P	■	■	A	B	O	V	E
C	E	N	T	R	I	F	U	G	A	L
R	E	T	I	E	S	■	G	L	I	B
A	T	O	N	A	L	■	S	E	L	A

4

S	A	N	A	A	■	A	C	T	I	I
A	L	E	C	S	■	T	R	I	E	D
S	P	I	C	A	■	H	O	R	A	E
S	O	N	O	M	A	■	S	E	T	A
■	■	M	I	M	I	S	■	■		
F	O	A	M	■	B	R	E	A	S	T
A	L	C	O	A	■	E	X	C	E	L
N	E	E	D	T	O	■	A	S	E	C
■	■	A	T	E	A	M	■	■		
U	S	D	T	■	D	E	I	C	E	R
S	P	O	I	L	■	T	N	O	T	E
M	A	K	O	S	■	N	E	A	T	O
A	N	E	N	T	■	A	R	L	E	S

5

M	F	D	■	A	L	L	■	A	A	E
E	S	O	■	M	I	I	■	A	R	O
A	T	A	■	O	F	S	O	R	T	S
N	O	T	I	■	T	I	N	O	S	■
S	P	O	N	G	E	■	E	N	I	D
■	U	N	A	D	V	I	S	E	D	
I	R	R	■	N	W	A	■	P	R	S
G	E	O	R	G	E	T	T	E	■	
A	G	F	A	■	I	S	O	L	D	E
■	I	D	T	A	G	■	A	L	E	G
G	O	U	A	C	H	E	■	I	N	G
A	N	T	■	A	T	C	■	N	E	O
P	S	Y	■	I	S	T	■	G	S	N

6

L	O	U	D	■	■	A	F	T	A
A	O	N	E	■	S	O	R	R	E	L
S	O	D	A	■	P	L	I	A	N	T
T	H	E	F	A	T	E	S	■		
■	R	E	M	■	I	T	A	G	O	
E	T	H	N	O	■	N	A	S	T	Y
G	O	A	■	■	■	P	O	E		
G	I	N	S	U	■	G	U	E	S	S
O	L	D	A	S	■	R	N	R	■	
■	S	H	A	R	E	S	I	N		
O	N	E	S	E	C	■	A	I	R	E
S	H	O	E	R	S	■	S	O	O	N
I	L	E	R	■	E	N	N	E		

7

I	B	E	■	M	E	A	■			
S	A	N	D	M	A	N	■	M	R	E
E	D	G	I	E	S	T	■	I	A	T
E	U	L	A	■	T	R	I	S	T	E
■	I	N	A	S	E	N	S	E	■	
H	A	S	A	G	O	■	U	S	D	A
E	D	H	■	T	U	T	■	U	P	A
N	E	H	I	■	T	W	I	N	G	E
■	P	O	T	S	H	O	T	S	■	
A	T	R	A	C	E	■	S	H	M	O
O	L	N	■	R	A	I	N	I	E	R
L	Y	S	■	O	S	M	O	N	D	S
■	D	T	S	■	E	E	O			

8

A	L	E	V	E	■	S	C	A	L	A
R	I	G	O	R	■	I	O	T	A	S
M	A	I	L	I	N	G	L	I	S	T
E	R	S	T	■	E	M	O	T	E	R
■	■	A	D	W	A	R	■	■		
S	A	M	I	A	M	■	V	A	N	
C	H	I	C	K	E	N	W	I	R	E
H	S	I	■	X	F	I	L	E	S	
■	■	A	R	I	L	S	■	■		
A	C	I	D	I	C	■	E	S	A	I
R	O	L	L	T	O	P	D	E	S	K
C	O	K	I	E	■	O	U	T	I	E
S	L	A	B	S	■	I	P	A	N	A

SOLUTIONS

9

```
P A V E . . T A S K
E N I A C . K H M E R
T E R R A . I R A N I
T E G . N A T U R E S
I D I O T I C . I C E
. . N E A T H . L A S
B I O L . E L L S .
G E S . O I N G O .
A T L . U N S A T E D
S H A R P E I . E M I
P E N N E . N I X E D
A L D A S . K O A N S
R S S S . . U S D T
```

10

```
A S T H M A . V I D A
D I S A R M . E R L E
I N A T I E . R S S S
O E D . S R A S . .
S W E E . I S O B A R
. . U P C S . O R O
H E A R T A T T A C K
B O W . E N D O .
O N W A R D . A M A T
. . D O R M . E L O
O S H A . E C L A T S
M E U P . A D O N A I
M E E T . M L C A R R
```

11

```
A R I S T A . I F N I
M O T I O N . D O E S
C H O L E S T E R O L
S E R I N . S A E N S
. . C A P E L L A .
U N F A I R . S I T N
N O U . L A B . M A E
H T T P . D O U B L Y
. S U L T A N S .
M O R A Y . F E R D E
T H I N S K I N N E D
N O S E . G R E A S E
S T M T . S E T S I N
```

12

```
. R O G E R S . B B B
S A R A L E E . E R O
M I C H A E L J F O X
I N H A L F . E O N S
L O I N . B R U T E
E N D . B O O K L E T
. . M A D L Y .
S N E E R A T . E L S
W O L D S . S M E E
A L I I . K E Y P A D
G E T C R A C K I N G
E S E . U T T E R L Y
S S S . G O O S E Y
```

13

```
A F B . B A H . P C P
C L I . E M I G R E S
H A R D A S N A I L S
E X T O L . D L I S T
. . H A S S L E .
O I D . T E N O N E
Z S A Z S A G A B O R
S A Y Y E S . E P A
. . G R I P E D .
S P O O R . A M I E S
H U N T A N D P L C K
A M M E T E R . N O I
M A Y . E W E . T N N
```

14

```
S W I M . . K U H N
O O N A . S V E L T E
L O T S . L U N A C Y
E Z E K I E L .
S Y R . D E C A D E S
. . L O O K A L I K E
C A I R N . N O R G E
P I N S T R I P E .
O N E O C A T . C D I
. . A S E P T I C
P O P A R T . A I D A
A Z A L E A . P O S H
T S K S . . A N O N
```

15

```
M A I D S . S A B R E
G R O U T . A R N E L
M A R R A M G R A S S
. . O P I E . I T A
E M P . H D T V .
G E E Z . D E C I D E
I N T E R L A R D E D
S U E B E E . S E M I
. . U T A H . A Y N
I T N . A G U A .
C R A C K E R J A C K
A I S L E . S O L F A
O B I E S . T B I L L
```

16

```
P U T S A . A D E L E
O N E O N . R E L A X
D I S P E N S A B L E
. . T H R U . R E O S
E N A . A M A J .
P I T T . B R O K E N
I T O O K . C H A S E
C A R M E L . N M E X
. . A L A D . I S T
S H I H . R A N K .
H O T A N D H E A V Y
A R E W E . L A Z E D
M O N K S . S T E T S
```

SOLUTIONS

17

```
E S P   B R S
N U L   E T O   S O S
T B A   L E I S U R E
O D I S T S   O P E R
M U N I   O H R O B
B E S T M A N   E S O
    A N I M I S M
U P I   D U N G E O N
S O L T I   A C N E
O L I O   N O S O A P
F A N C L U B   U G H
A R G   E N L   R E E
    A C A   T R W
```

18

```
F I F E     M A H D I
P U R L   S P R O U T
S M E E   T H E R A T
    U V E A   A S L
I N D E N T U R E
R E I N S I N   C O P
O V A   E S L   H M O
C A N   A T A N E N D
    S I L I C O S I S
  I L O   C E L T
A N I T R A   E N O S
S T P A U L   S U C H
P O S S E     S T D S
```

19

```
R A N I S   T R O P E
S C E N E   R E F E R
V E E P S   I S N E R
P H R A S E B O O K
    W I S E R
C A N N O T   T A L I
S F O   N E L   M D T
A C I S   L E W D L Y
    P A L M E
  R O U T E M A R C H
P A R T I   I V A N A
O D E U M   N E G E V
S O M M E   G R E T A
```

20

```
R A P A   A D D S U P
B U R P   D E M O T E
I R O N   A C C R U E
    C O S M O   T R L
F R E E T V   A N E
C H E A P I E
C O D   A N S   T U A
    T A K E O F F
N E T   T E R R O R
E X O   F I R E S
W A S H O E   N I M S
M L C A R R   O O O H
E T A L I I   W N B A
```

21

```
C L A C K   U D A L L
A A R O N   N O N O S
S M I L E   S N E R T
A P P L E B E T T Y
    I D T A G
D U K E   U T O P I A
A G E     O L D
T O S S U P   O L A V
    O P E D S
  R U B B E R B A N D
T O M E I   A O R T A
R E P I N   T R E W S
A S S T D   S N A T H
```

22

```
I B M   E B W
P U E R I L E   P T L
O R D I N A L   R A I
    I T E N   V E R N
D U C T   K E E P O N
U N I   C E L L O
I O N   A T L   S N O
    E M M Y S   T L C
H O B N O B   W E E D
I S A O   L A H R
N I L   V A R I O U S
D S L   E N C R U S T
    R K O   S E E
```

23

```
S T D S   A M A H
E R E S   C A N O E S
W E A T H E R C O C K
A P R   E D T   P A Y
G A L B A   I G O R S
E N Y A   I N R E D
    C E L I A
  A D O S E   P A L M
I C A N T   A Y E A R
N U L   R O W   R B H
T R A V E L W E A R Y
L E S S E E   S T A D
    I O T A   T E T E
```

24

```
R A C E     E D Y S
E L O P E   B O O T S
H U M A N N A T U R E
E L I   G E N E R I C
M A N T R A   E A T
    G E O R G   A T O
S A F E S   R I D E R
C R O   S P A S M
A E R   I N S Y N C
L O W E R E D   M O O
P L A N E T A R I U M
S A R D I   M E N S A
  E D E N   I D E S
```

SOLUTIONS

25

```
N A A N S   B L I M P
A S S E T   L A N A I
P O W E R O U T A G E
E N A   A V E   R N R
S I R   T E S   E E C
  A M O U R   C A T E
      M M D C L
S E A M   R A I D S
E L G   A I S   M O B
E T O   P V C   I L A
N O R T H E A S T E R
I R A N I   R E R I G
N O E N D   A M I L E
```

26

```
P H O   P I N
C O N C I S E   C A R
B R E W P U B   O D O
  U T E P   C M D R
D I P S O   R E P L Y
U N M   R H O D A
E V A N G E L I C A L
  N E A L E   T A G
A R S O N   M A D R E
C A H N   C O S I
R P I   R I D E S B Y
Y A P   T R E A C L E
    S O L   S Y R
```

27

```
F E H   I M F   T B A
B L A R N E Y   Y A N
I M P A S S I O N E D
  E N T S   S A R I
L I N D A E V A N S
A R N   N D A K
A S Y E T   C A D D Y
  B L O C   I R E
E A S Y V I R T U E
A L P E   U N O S
T R A N S L A T I O N
T O I   G E T H E L P
S Y R   T S E   R N R
```

28

```
R I V E T   E L L A S
O N I C E   L A I L A
A C C T S   E X F B I
D L I   S O G   E E N
B I O   A M I   P E T
E N U F   M A W R
D E S A C   C H E R I
  C A H N   A S E T
A F I   A E F   E W S
L A R   R C A   R E A
D U C A T   N A V A L
A L L W E   T R E V I
S T E E R   A F R E E
```

29

```
N K G B   S A G G E D
G U R U   T U F T E D
O N O R   O T O O L E
  U S U R E R
  I N A S M U C H A S
E M D E N   R E A T A
R A H       L T D
E R O S E   O F F E R
B I G B A D J O H N
  A R E O L A
S T E R N A   D R A G
H A T R E D   E D H S
S P O O R S   R Y A N
```

30

```
H U M P H   F F L A T
A L C O A   R E I G N
I N D E N T A T I O N
G A L S   R N A
    I D E C L A R E
B A R E L Y   B A L
I T I S I   O D E U M
E M I   A V I D L Y
R E S I G N E D
    P I A   W E E D
T O M A N D J E R R Y
L U I S A   I L E D E
C R I S S   F L I E R
```

31

```
R A R A   E C A R D
E X A M   M O V I E
C I R C U M V E N T
T O E   P E E R
I M E A N T   S D A K
  A R E T O   E D E
X E R O X   C A T E R
I R T   T U L L E
N E H I   N O P R O B
  M A S C   R I A
D E A T H K N E L L
L E G T O   E N O L
S N E A D   C T N S
```

32

```
    S L A M
P I C K U P S   D I L
O D O A C E R   O N O
L I N T   S P I G O T
L E V E E   N C I S
O D E   L A S C A L A
  R A M P A R T
E N T R O P Y   C R T
R E I N   A C H O O
I M B E A T   R E A M
C E L   B I Z A R R E
H A E   B R E W S K I
    R E E L
```

175

SOLUTIONS

33

I	G	E	T	A		A	S	S	O	C
N	O	F	A	N		A	D	A	N	O
L	I	F	E	O	F	R	I	L	E	Y
U	N	U		S	R	O		A	P	O
C	T	S		M	I	N	A	R	E	T
K	O	E	N	I	G		L	Y	R	E
			L	A	H	T	I			
V	E	R	O		T	W	I	T	C	H
A	L	E	W	I	F	E		E	L	A
S	O	I		N	U	L		J	O	B
S	I	G	N	A	L	F	L	A	R	E
A	S	N	E	W		T	A	N	I	A
R	E	S	E	E		H	R	O	S	S

34

V	E	S	P	A		M	E	C	C	A
A	L	O	O	F		A	X	M	E	N
S	K	U	L	L		E	C	A	R	D
		R	O	A	M		A	S	E	S
I	T	N		C	A	T	V			
N	A	O	S		C	L	A	S	S	A
I	N	T	E	R	A	C	T	I	O	N
T	H	E	M	O	B		E	G	A	N
		A	T	R	A		N	R	A	
G	O	W	N		E	A	R	P		
A	R	E	T	E		H	O	O	E	Y
R	A	D	I	I		E	L	S	I	E
B	L	O	C	K		D	E	T	O	O

35

M	C	S		K	I	A		N	E	A
A	L	P		I	R	T		L	X	I
R	E	L		T	R	A	D	E	O	N
M	A	I	N		E	N	E			
		T	A	M	P		R	C	M	P
T	R	E	S	T	L	E		R	A	R
H	O	N		N	A	B		O	N	E
R	A	D		S	C	R	A	W	N	Y
U	R	S	I		E	O	N	S		
		E	D	A		S	F	C	S	
M	I	C	R	O	B	E		O	O	P
E	N	O		M	L	S		O	M	A
H	G	T		O	E	O		T	O	N

36

R	O	D		M	E	W		P	C	S
U	K	E		F	R	O		O	H	H
N	A	M	E	D	R	O	P	P	E	R
U	P	O	N			F	L	U	M	E
P	I	N	D	A	R		O	L	I	D
			T	U	E	S		A	S	S
	B	O	O	K	S	T	O	R	E	
A	L	F		S	E	A	U			
D	A	F	T		T	S	G	A	R	P
I	T	S	S	O			H	S	I	A
D	A	I	R	Y	C	A	T	T	L	E
A	N	D		E	D	M		R	E	A
S	T	E		S	R	O		A	Y	N

37

I	N	E	R	T		S	H	E	R	D
M	O	X	I	E		N	I	S	E	I
S	O	C	A	L		A	P	P	L	E
A	N	E		A	A	R		R	E	S
D	E	P		V	U	E		I	N	I
	S	T	R	I	P		A	T	T	S
		I	N	V	A	L	I	D		
E	S	O	S		I	S	L	E	T	
R	U	N		H	R	H		C	O	O
N	B	A		O	S	A		O	A	F
A	M	B	E	R		P	O	R	T	O
N	I	L	L	A		E	X	P	E	L
I	T	E	M	S		D	O	S	E	D

38

S	A	S	H		T	A	V	E	R	N
A	T	O	E		S	T	E	L	A	E
S	E	L	F	D	E	N	Y	I	N	G
E	S	E		E	T	O		T	I	A
S	T	A	T	U	S			I	N	T
			I	C	E	R		S	T	E
M	E	L	E	E		H	I	T	O	R
A	P	A		D	U	E	T			
I	I	S			P	T	I	S	A	N
L	T	S		A	B	O		C	L	U
B	O	O	S	T	E	R	S	H	O	T
O	M	E	R	T	A		E	W	E	S
X	E	D	O	U	T		E	A	S	Y

39

H	A	F	N	I	U	M				
A	P	O	S	T	L	E		P	R	S
M	I	O	C	E	N	E		L	I	I
E	C	T		R	A	S	C	A	L	S
R	E	A	D	A		E	R	I	K	A
	S	N	A	T	H		O	N	E	L
		D	R	E	Y	F	U	S		
D	A	M	N		P	A	C	A	S	
C	O	O	E	D		C	H	I	P	S
C	R	U	D	E	S	T		L	E	T
A	T	T		N	A	U	T	I	C	A
B	A	H		I	N	A	S	N	I	T
			S	I	L	A	G	E	S	

40

D	O	V	E		E	D	U	C	E	
I	R	I	S		R	A	Z	E	D	
D	I	V	E	B	O	M	B	E	D	
N	B	A		E	I	N	E			
T	I	C	T	A	C		K	E	E	P
		I	N	C	A	N		N	P	R
I	D	O	T	O		O	A	T	H	S
U	B	U		N	U	O	V	A		
M	A	S	I		E	D	E	N	I	C
		N	A	C	L		G	R	O	
	S	T	R	O	K	E	P	L	A	Y
	I	R	E	N	E		R	E	T	E
	E	I	D	E	R		U	S	E	R

SOLUTIONS

41

```
G A R R _ E F F I G Y
I L E A _ A L Y S S A
N A N S _ G U I T A R
O N E H A L F _ _ _ _
_ _ _ R E F R E S H
I G E T I T _ E T T U
N O D U S _ R O U E N
S T I R _ C A S I N G
C A T F O O D _ _ _ _
_ _ _ O D O A C E R
P A S M O I _ C A N A
S M A L L F _ A R C H
S I R K A Y _ D O O M
```

42

```
M A R R _ B A A E D
U V E A _ O M B R E
M I C K E Y F I N N
M A D E T I M E _ _
_ _ S H S _ S A D A
P A R I A H S _ B O S
L U A N N _ C R E S S
O E R _ S L A Y T O N
D R E A _ U R E _ _
_ _ P U R E B R E D
B L A C K D E A T H
L I S L E _ E S T A
Y S T A D _ R A U L
```

43

```
L E F T _ B O O D L E
O N E L _ O R D E A L
I N D C _ E T A L I A
S A E _ A S H _ T R L
_ R E C K O N _ _ _
G R A N N Y _ O H H I
T O T O E _ S T E E N
S E E K _ M A D A M A
_ I V A N O V _ _ _
A L E _ E I S _ Y T D
C O W A R D _ I S A R
E V E N S O _ T E R I
H E R E O F _ T T O P
```

44

```
O C C U R _ A C I S
J O L S O N _ O Z Z Y
O D O N T O _ L E O N
_ S A O N E _ C D C
B Y E _ R O U G H
O E D S _ S L U R P S
P A C E R _ A R E T O
P R I M A L _ U P U P
_ R I S E R _ U I E
H T C _ H B O M B
E A U S _ E Y E L E T
Y M I R _ C A N I N E
S E T A _ L E C A R
```

45

```
T O Q U E _ I R K E D
K A U R I _ T A U P E
O R I E L _ D P H I L
_ E Y A S _ U N C A
R I T _ T U R N _ _
E D U C _ M I Z Z E N
F E D O R _ N E U R O
S E E M L Y _ L L D S
_ E S A S _ U E Y
R E M O _ R I A L
D R I V E _ N E A R S
A I R E D _ C O N E D
S N O R T _ E N D I S
```

46

```
C T N _ I N U _ _ _
H O O _ N U S _ P F C
R U N I T I N _ R A R
O C A L A _ R E E C E
M A G O G _ S T E M
E N E _ L A M O T T A
_ N O I S I L Y _ _
G R A N O L A _ P S U
H A R I _ O R R I N
O V I T Z _ W E E D S
S E A _ B R I S T L E
T N N _ A I N _ T E A
_ R A G _ Y S L
```

47

```
R I E U _ A R G A L
A L L S O _ N O O N E
G O O D L O O K I N G
T I P _ G U T _ T U A
A L E _ A T H _ E A T
G O R P _ S E A R L E
_ C O P R A _ _ _
B I L B A O _ A C M E
A C A _ T K O _ E A N
L I B _ M E N _ S R I
S C R E E N T E S T S
A L A N A _ V I N Y L
M E T A L _ S A S E
```

48

```
T A Z _ A G O _ S G T
E V O _ G U N _ H U R
L E G A T E E _ A R E
S O I R _ R I S Q U E
_ P A R S E _ _ _
G A M E T E _ A C L U
T I O G A _ E S N E S
S N O G _ R E I N A S
_ I N O L D _ _ _
I N T O T O _ E A R N
S O O _ E M B R O I L
I V Y _ S B A _ K A E
T A S _ T A T _ I S R
```

SOLUTIONS

49

```
U S C G   U T M O S T
N E U E   L I C T O R
M A R L   E L L E N S
    R A R E L Y
A C E T O   I T Z A
A R N I E   S E E R S
R E T       I T E
P E L F S   A S T O P
  K Y A T   I N G O T
    T I P T O E
A N I T R A   C I A O
S O L E I L   A S Y E
S T A N N O   P T E R
```

50

```
J A L   I N K   S N O
A V A   S O I   B O P
W I N D O W S H A D E
    D E B A S E
    O S C A R M A Y E R
S Y L A R   E T A G E
O V I       R A M
M E D A L   S O D D Y
E Y E W I T N E S S
    L O S E I T
C R Y S T A L L I Z E
P B A   T R L   C A T
R S T   A S S   K P S
```

51

```
A B A S E   R O R E M
M O T T S   E M I L Y
C A T S P A J A M A S
S R S   O D O   A L T
      L O U I E
D E J A   M C N E A L
R E N U M B E R I N G
T E R R O R   O N E S
      A D A M N
A G E   U T A   L A A
C A T T L E G U A R D
A F T R A   M A M I E
I F E A R   A L B E E
```

52

```
S A T   T G V
A E R   O R A   G O I
T I O   N O S T R I L
Y O U R S   T R O L L
R U B O U T   A C L U
  L T R S   S E I S
S E E   E K E   R T E
A R M E   E V R Y
Y E A R   D E I S T S
A S K E W   N A T A L
A T E I N T O   O L E
H U R   B L U   R O E
    A C T   E S P
```

53

```
O B J E T   I C E I N
D E A R E   A R A C E
E L C I D   N O S I R
N I K E S   S A Y N O
S E S S       T O G S
E V O   S A B I N
  E N U N C I A T E
  B P L U S   H M S
C U R B     I E A T
A H O R A   I R E N A
P A W A T   L A Y U P
R U N I N   K N E E L
A L E D O   A I S L E
```

54

```
A R T Y   S A P O R S
V E R A   E N R A P T
O D E R   C O O K I E
W O O D C R A F T
    M A E   S R A S
C A N A S T A   E N O
P R U N E   S M E A R
A M T   R I P O S T E
S A B E   G E L
    R E D U N D A N T
A G O R A E   I F H E
P E W I T S   N A R A
R E N E E S   G R A M
```

55

```
B A D   P I R   A C H
E L I   G O A   S O S
T I M P A N I   C M I
S T L O   A S U R E
Y O Y O S   E R I S A
    R O Y H O B B S
B B B   F E E   E Y E
T A L L T A L E
U N I A T   L S A T S
  A S H O T   S L O E
O N T   U N M O V E D
S A E   C U M   A R E
I S R   H T C   R R R
```

56

```
G H E T T O   U S F L
L A N C E R   G A I A
A P R I L S H O W E R
S T A   E K E   F R A
S I G N O   F L I C S
  C E E   S T A T E
    W A I S T
  T A S S E   T A C
E S P Y S   P E D A L
M G O   A S I   D S O
C A L L I T Q U I T S
E R L E   M U S C L E
E P O S   T E S T E R
```

SOLUTIONS

57

```
A T T A   P A C I N O
P R O F   I D O T O O
T A U R   M M M B O P
S C R A P P A P E R
      M I L N E
R E N E G E   L I S T
A R Y         L E E
I N X S   B I A L I K
      E U R O S
    O R A T O R I C A L
I N A F E W   T A W T
T E N O R S   I S E R
T R I X I E   S E E S
```

58

```
T E M P E   M E U S E
I C I E R   I S N E R
T A X C O   S O F T Y
H R E   S A S S O O N
E T D   I A M   R U G
D E B T O R   A T T O
  L O N   T R U
A D E S   D E A N N A
T A S   K A N   A E R
R E S E N D S   T I C
A M I T E   E N E M A
C O N T E   U H L A N
E N G E L   P A Y N E
```

59

```
S E E M   I L D U C E
O R A L   M A M M A L
I N S C   P R I M L Y
L O Y A L I S T
    C R I S   R I O S
R A H R A H   I T Z A
A T A       S M A
F O I E   A L O M A R
T E R M   B O D Y
      Q U I X O T I C
A B S U R D   N U T T
L I P A S E   T R O N
S O R D I D   O N O S
```

60

```
L U G E   K E B A B
O P R Y   C O E R C E
T H A R   R A N E E S
S E V E R A L   A D E
O R I   E S A   D I T
F E T I S H   C M A S
  A M P H O R A
H T T P   E L I C I T
A R I   D L I   H R H
D A O   E M O T I V E
J U N G L E   A N I P
I M A R E T   R E N I
S A L U D   S S G T
```

61

```
G D P   I I N   G M C
B E E   D D E   O P A
S T R U D E L   O A S
  O I L O N   S D A K
S N O T   T O T H
T A D   I M P U R E
I T I   E T A   M E N
R E C O P Y   O S O
  T R A C   B R O W
I C A L   A D I E U
N A B   D R I P D R Y
L I L   A D D   L C D
A D E   P S I   Y E S
```

62

```
G O T M A D   A B A S
O R M O R E   L I L I
V A C U U M P A C K S
  T B A R   A A S
M E C H A N I S M
U D O   D O W E R S
N U C L E A R F R E E
I C K I E R   A N S
  A I R E D A L E S
R I T   I W I N
S L I D E A C T I O N
T R E O   R E S I L E
U E L E   D R Y I N G
```

63

```
R E C L I M B   T A Y
E D A S N E R   E S E
H U M A N R I G H T S
A C E T O   A L E R O
B E A S   O N E E A R
S S T   S T E A D Y
    S W A N N
  D E N I R O   Y D S
H A V A S U   L E O I
E R I C H   O O H E D
M I C K E Y M O U S E
A N T   S O A N D S O
L G S   T O R S I O N
```

64

```
P U G E T   D E I S M
A S A M I   U N T I E
M A D T V   E C A R D
P U F   O R D   L I I
E S L   S H A   I N C
R A Y E   I T S A G O
    F U Z E E
S A Y S N O   E V A H
A P A   L M N   E L A
I N K   E E E   L E S
N O K I A   M U C U S
T E E N S   E A R T H
S A R A H   A R O S E
```

SOLUTIONS

65

E	P	P	A		A	S	S	O	R	T
R	U	L	E		Y	O	Y	O	M	A
I	T	O	R		A	L	M	O	N	D
T	O	W		A	H	A	B			
U	N	H	A	T		C	O	R	A	L
	O	P	A		E	L	E	C	T	
D	O	R	P			I	L	K	S	
B	A	S	R	A		P	S	I		
A	K	E	E	M		S	M	E	L	T
		H	I	R	T		F	Y	I	
F	O	R	E	G	O		E	M	M	E
E	V	E	N	A	S		S	A	A	R
W	O	O	D	S	Y		L	P	N	S

66

	S	Q	M	I		A	C	R	O
N	E	U	R	O		O	T	H	E	R
A	W	A	I	T		R	O	O	T	S
D	E	R		A	M	B		C	O	E
I	R	T		S	U	I		O	R	R
A	S	E	S		S	T	O	L	E	
	R	I	C	K	S	H	A	
	E	M	B	E	R		H	T	T	P
S	N	A		L	A	H		E	E	E
M	S	S		I	T	A		C	N	N
O	U	T	T	A		R	T	H	O	N
C	R	E	S	C		S	H	I	N	Y
K	E	R	R		H	Y	P	E

67

P	D	F	S		R	H	E	T	O	R
A	B	L	E		O	O	L	A	L	A
C	L	U	B		U	P	S	I	D	E
E	S	C	E		N	E	E	
	T	R	O	D		S	O	A	P
D	O	U	G	H	T	Y		B	R	R
O	N	A		O	H	O		V	I	I
C	O	T		H	E	R	O	I	S	M
E	N	E	S		C	E	N	O	
		H	E	L		E	U	R	O
A	R	T	U	R	O		E	S	E	S
L	A	C	T	I	C		A	L	I	T
G	O	B	A	C	K		R	Y	N	E

68

	R	O	S	A		H	D	T	V
J	A	C	O	B	I		E	E	R	O
O	N	E	A	L	L		S	M	E	W
A	O	L		E	L	U	S	I	V	E
N	F	L		S	T	P		S	O	L
	F	I	R	E	E	A	T	E	R	
		D	A	M	N	S	
	S	T	A	M	P	D	U	T	Y
T	C	I		E	E	C		A	E	F
H	H	M	U	N	R	O		B	A	A
R	E	I	N		E	M	B	O	S	S
I	M	N	O		D	E	S	O	T	O
P	E	G	S		R	O	S	Y

69

A	B	C	D		S	T	R	A	I	T
N	E	H	I		W	H	O	L	L	Y
T	R	O	U		I	R	A	T	E	R
I	M	P	R	O	P	E	R	
	S	E	R	E	S		O	A	S
B	A	T	T	Y		H	A	U	T	E
A	L	I	I		L	T	R	S	
R	O	C	C	O		E	L	S	I	E
S	T	K		L	A	Y	U	P	
	E	D	G	E	S	O	U	T	
S	A	L	I	V	A		I	K	E	A
O	P	E	N	I	T		V	E	L	D
A	P	I	E	C	E		E	N	E	S

70

D	E	R	B	Y		E	L	I	S	E
E	N	O	L	S		R	O	C	K	S
S	C	H	O	L	A	R	S	H	I	P
C	L	E	W		D	O	E	
	P	A	I	R		A	A	S
M	E	D	I	A	N		L	T	D	S
P	E	R	P	E	T	R	A	T	O	R
A	G	E	E		E	W	I	N	G	S
A	S	A		F	R	E	D	
	M	L	I		O	J	A	I
C	I	R	C	U	M	S	P	E	C	T
S	N	E	A	K		S	E	E	T	O
S	T	Y	N	E		E	N	R	O	N

71

J	A	K	O	B		B	A	A
O	B	I	W	A	N		E	A	L
E	N	T	E	R	I	N		N	M	I
Y	E	T		I	C	U		Z	I	N
S	R	S		S	K	I	P	O	L	E
	A	T	E		E	I	N	S	
	I	M	B	A	L	A	N	C	E
S	N	U	B		O	V	A	
O	B	T	R	U	D	E		S	O	C
T	O	A		S	E	N		U	N	A
T	U	B		C	O	U	R	I	E	R
E	N	L		N	E	W	T	O	Y
D	D	E		B	E	E	R	S

72

C	A	L	C		R	O	A	R	A	T
O	D	O	R		E	N	T	O	M	B
M	U	S	E		F	O	R	U	M	S
	E	S	M	E		A	T	O	P
N	A	S	C	A	R		C	E	S	S
A	P	I		D	E	E	E	
N	E	T		R	N	S		P	E	I
	S	E	C	T		A	S	T	
K	A	T	E		E	A	S	I	L	Y
E	L	I	A		B	B	L	S	
B	I	L	B	A	O		O	L	A	Y
A	V	E	E	N	O		T	E	R	A
B	E	D	E	C	K		H	Y	E	R

SOLUTIONS

73

```
S P Y S . D O A B L E
T R E E . A N I M A L
M I S S A M E R I C A
T I M E B O M B . . .
. . O N A R O L L . .
K E A N U . N A T T Y
O G R E . . K E R R .
B A N C S . L E A S E
E L E K T R A . . . .
. . L A U N D E R S .
U N M I T I G A T E D
S E E N I N . S T O A
A Z T E C S . H U S K
```

74

```
S E S E . A L E R T S
K E W L . L I Z A R D
I L I A . L I E G E S
M Y S T . P I K . . .
. S E E R . I M S O .
S N A . L O S E O U T
W E L S H . A L O F T
A U P A I R S . D I O
B E S T . Y E S M . .
. . I T D . P U S S .
O N E S I E . A S H Y
R E E F E R . S I A L
L L O Y D S . M C D L
```

75

```
S P A S M . I M I N E
T A B O O . N O N O S
A R R A U . A L F R E
G R A S S W I D O W .
. . T S A D E . . . .
G I J O E S . R O O K
O D A . . H O E . . .
O I L Y . O S S I F Y
. E D A T E . . . . .
D O O R K E E P E R .
W I L M A . N T E S T
T R E A T . C H A S E
S T A N S . H E R O S
```

76

```
T E C H N O . O A P
I S A A C S . A M S O
P A M P A S . W E E N
. P R E S E N C E . .
L A D Y . O N I . . .
A J U G A . E N A C T
N E R O S . E S T A B
I T A L O . S P U T A
. U A R . I S E R . .
S T I C K L E R . . .
F I N K . E L I D E D
P L O Y . S O N O M A
D E W . S I G N U P .
```

77

```
. P R O M . B L A M E
I L E T A . E I D E R
P U N C H E D C A R D
H M O . I S E . M G O
O M I T . O V I N E S
N E R O . L I L . . .
E T S E Q . L I T H E
. I U M . A R A G . .
A D O N A I . D A B O
T O N . L E I . V I I
P U S S I N B O O T S
A S E A T . O P I U M
R E T R Y . S E S E .
```

78

```
B A B E S . W A R D .
A D U L T . E M E E R
G O L D E N E A G L E
G R O . A O K . N A B
I N V O L V E . A N E
E S A S . E N B L O C
. . H I L D A . . . .
R E N A M E . R S S S
A B A . A T T A C H E
K O R . G T O . R I D
E A R P I E R C I N G
S T O A S . C O M T E
. S W U M . H Y P O S
```

79

```
R A P A . P E S E T A
A S O N . O V I S A C
S T M T . S E D O N A
P I P E L I N E . . .
. A N E T . A F O R .
M A D N E S S . R O E
S H O A L . C L U N G
E A U . A T H E I S T
C T R S . S W A T . .
. E N H A N C E D . .
A L E X E I . D A L I
M E N T O R . E K E S
D O E S N T . R E C S
```

80

```
A K C . A F F A I R S
T A L . L A S T L A P
M A I N S Q U E E Z E
. P H O S . D E W . .
N A P A . C O E D S .
O W E . R E L O . . .
U N R E A S O N I N G
. L I L T . G O O . .
R A H A L . M G M T .
E S E . S P A Y . . .
I S L E O F C A P R I
N E G L E C T . O E N
A T A L O S S . P A T
```

SOLUTIONS

81

```
O L M E C . . T R W
A G A T H A . A A A A
R E D H E N . S T E R
. M Y S T I C I S M
P O O L S I D E . .
I N N . S I N K E R
A N E M O . O D E T O
F O Y E R S . E R A
. L A I D O P E N
L I T T L E E V A
I N T . . R E W O N
L R O . . N T A I L
S E P . S T Y L E
```

82

```
S I G N A L . P D F S
A R O U S E . H O R A
M E D I C I N E M A N
. C T A . G N O T E
A T H . P L A Y .
C I I . O I L L I T
E E L . I G O . O M A
H A D A G O . W S U
. M E N O . W O T
O C T E T . B S A
T H E R A P E U T I C
H A E C . V A R E S E
O N M E . T H I R T Y
```

83

```
A L I A . P A P A W S
N E D S . A L E X I S
D B L S . C A S E I N
R E E N L I S T .
E C H . O F T E N E R
. A S M Y . R A T A
U L N A E . L E V E L
M A D D . L A D Y .
P A S T E I N . B C E
. O F F I C E R S
P R O S I T . R A I N
T A M A L E . I N M E
S P A Y E D . T S P S
```

84

```
I T T . H E E .
T O W A R D S . D C C
S L O S H E S . I L O
P E W S . L A R S E N
A D A N O . U P A T
T O Y . H I R S U T E
. M E E K E S T .
T R I E D O N . A U D
A E R O . E A T N O
P A R C E L . M I S C
I D O . N O T A O N E
R A R . D O N J U A N
. S T N . S P T
```

85

```
R E F I . I S U Z U
A M U S E . N I N E R
T I M E S H A R I N G
E L I . P A W . A A E
D I E . A N E . T N N
G A R A N D . B E A T
. C A C A O .
I N A S . L L O Y D S
M O C . A A A . O E N
P E C . D S M . U N E
E X T R A P O L A T E
L I N U M . S O L A R
S T O M A . I L L Y
```

86

```
A P E R C U . O S O
T A B O O S . U B E R
E N B L O C . G E R E
. L E G A L I S M
R U P E E . L Y S .
O V E R S . A D A P T
C E N S . U N O S
K A F K A . M C C O O
. R A L . A K E R S
E X I T P O L L .
S K E E . T A I W A N
T E N D . I G N O R E
E S D . C A G E R S
```

87

```
M B A S . S C R A P E
Y O R E . O R I S O N
H O M E S T E A D E R
E N E . E T A . I M O
R I N G L E T . C E N
O E I L . D O R .
. S A I D . R O C S
. B E S . S O U L
H E A . V A L E N C E
O T B . O B E . B C E
W H E E L B A R R O W
S A L I V A . M I R A
O N E S E T . N O S Y
```

88

```
P A A R . T O S S .
A G N U S . I D T A G
P A I G E . E D A T E
A T M . A F I . F O R
C H A G R I N . F U M
Y A L U . N T E S T S
. K A R A O K E .
S P I R A L . E R N S
O E N . G L A S G O W
M T G . T Y P . E V E
A U D I O . P L A I D
S L O O P . L A N C E
. A M C S . B T E N
```

SOLUTIONS

89

A	W	W		A	P	I		C	U	D
F	E	A	R	F	U	L		I	N	E
R	E	T	I	T	L	E		N	R	C
I	V	E	S		I	S	A	D	O	R
C	I	R	C	E		L	Y	L	E	
A	L	I		T	R	E	A	C	L	E
	N	O	T	F	A	I	R			
R	E	G	R	E	S	S		A	B	S
A	S	H	E		T	O	W	I	T	
S	T	O	O	G	E		A	F	A	R
P	A	L		A	M	O	R	O	S	O
S	S	E		S	E	E	S	R	E	D
	S	R	O		D	D	E			

90

C	U	L	T		P	H	E	B	E
H	E	I	R		T	R	E	M	O	R
A	L	M	A		W	I	R	I	N	G
R	E	A	L	S	I	M	P	L	E	
	B	A	N	G	L	E				
A	R	E	S	O		Y	S	T	A	D
B	O	A					I	M	S	
M	E	N	L	O		C	U	R	I	O
	I	O	D	A	T	E				
P	I	Z	Z	A	R	O	L	L	S	
D	E	T	A	I	N		P	E	O	N
I	N	A	R	E	A		I	S	T	O
R	A	N	D	R		A	S	S	T	

91

D	A	H	L	S		B	I	P	E	D
E	T	A	I	L		L	A	N	Z	A
G	E	T	G	O		A	M	E	E	R
	T	H	E	O	C		U	K	E	
C	A	R	T		R	K	O			
C	R	I		G	U	E	R	R	E	
U	L	C	E	R		Y	E	A	S	T
	O	K	E	E	F	E		W	M	D
	S	E	A		M	B	E	S		
I	D	A		N	O	T	D	O		
G	O	A	P	E		A	C	N	E	S
O	C	H	E	R		S	C	E	N	T
T	E	S	T	Y		S	I	D	L	E

92

V	O	C		A	P	B				
E	V	O		D	E	A		L	L	B
G	U	N	N	E	R	Y		O	Y	E
A	L	V	A		C	H	I	N	C	H
S	E	E	Y	O	U		O	G	E	E
	Y	A	K	S		U	S	E	S	
E	N	O		D	S	M		H	S	T
L	I	R	R		I	T	S	O		
I	T	B	E		O	M	E	R	T	A
S	W	E	D	E	N		L	E	O	I
S	I	L		C	C	L	A	M	P	S
A	T	T		O	A	T		A	S	L
	L	P	S		N	Y	E			

93

E	N	E	M	A		C	H	I	C	K
E	A	S	E	L		H	O	M	E	Y
L	O	A	N	D	B	E	H	O	L	D
S	S	I		E	E	R	O			
	B	R	A	U		L	A	S		
F	A	S	T	B	R	E	A	K		
S	H	O	R		O	H	M	Y		
C	O	U	N	C	I	L	O	R		
H	D	L		A	S	O	K			
	U	N	L	V		S	A	P		
C	O	M	M	I	S	E	R	A	T	E
A	R	S	O	N		T	A	B	O	R
F	L	U	K	E		T	R	U	M	P

94

I	T	T	Y		D	E	T	O	O
F	A	H	E	Y		U	R	A	L	S
A	T	E	A	M		N	E	N	E	H
	T	H	I	N	G		D	N	A	
S	C	H		R	U	E	D	E		
A	B	R	A		N	O	R	M	A	L
B	E	E	C	H		N	O	B	I	D
U	S	E	R	I	D		P	I	L	L
	B	O	C	C	I		C	S	S	
R	O	E		K	I	S	S	Y		
I	T	A	L	O		N	O	C	A	N
P	O	R	E	R		O	F	L	A	W
E	S	S	A	Y		T	E	R	A	

95

T	O	N	E		A	S	H	I	N	E
A	R	A	M		L	I	E	S	I	N
R	E	M	O	N	S	T	R	A	T	E
P	L	A	T	O	O	N		A	E	R
O	S	T	E	O		A	C	R	O	
N	E	H		N	O	L	E	S	S	
		E	A	M	E	S				
	C	A	N	N	E	D		S	A	O
S	A	M	E		G	I	L	D	S	
O	R	U		E	L	E	G	A	N	T
D	I	S	A	P	P	R	O	V	A	L
O	N	E	G	I	G		T	E	T	E
M	A	D	A	S	A		O	D	E	R

96

D	E	P		T	S	A		G	L	O
I	D	A		B	O	L		E	E	R
E	A	S	E	O	F	F		I	T	A
	S	A	N	A	A		C	U	M	
A	N	O	T	E		L	D	O	P	A
C	R	U	D		M	F	R			
R	A	T	I	O	N	A	L	I	Z	E
	R	A	O		A	M	O	R		
O	V	E	T	T		L	U	E	G	O
L	E	N		C	I	E	R	A		
D	R	T		A	N	D	A	N	T	E
A	G	R		K	E	G		I	C	K
S	E	E		E	S	E		T	U	G

SOLUTIONS

97

```
L E T T S   D A D O S
I D A H O   E C O N O
A I R E S   B I L L Y
R E P E A T E D L Y
    A N D R E I
L A P D   A R C T O S
A M E   M D S   E C T
B U R E A U   O A H U
    M L C A R R
  F L O W E R G I R L
A N I T A   S A N Y O
E M M E R   O N T A P
S A B R E   N O O S E
```

98

```
  B I P E D     E F S
  R E N A M E   C U E
B I C A R B O N A T E
A D A G E     E R I N
B E M E   E A S T L A
E R E   P U T T E E
    L U B E S
  H E I N I E   F C C
G Y R A T E   L I R A
E B O N     T I R E D
O R D E R L I N E S S
D I E   C O N T A C
E D D   A P A S T
```

99

```
S A M S A   G L A S S
F L A N S   R I P U P
P A Y U P   E M O R Y
D I F F E R E N C E
    I F N O T
I N F O   B E G G E D
D A T U M   R O I L S
A S H T O N   O V A L
      B S I D E
  S T I R F R Y I N G
A M E N U   R E T I E
V E N A L   E A T M E
G E S T E   G R O S S
```

100

```
V I G I L   U D A L L
I T I S I   V E N U E
S A F E T Y M A T C H
    E D U   D E E R
T I N A   K E S
O P E   Z O N E O U T
S U B J U N C T I V E
S T R A N G E   N E S
    C I O   S K A T
I S A K   L A T
U P S A N D D O W N S
M O I S T   I R O N Y
S T A S H   A K E E M
```

101

```
  O S A G E   I S L A
P I E T A S   V E A U
A L D I S S   S L U T
D R O P P E R   F R I
R I N   E N C A S E S
E G A D   E M B A L M
    A A S   P A C
T E R R O R   D R A T
O P I N I O N   I L A
K H Z   T A I L F I N
E R O O   S T E I N S
N O N O   T R A C E Y
S N A P   S O R E S
```

102

```
U H U R A   T A C S
S I T I N   O L A Y
E P I T H E L I U M
D S L   E L L E S
    D U I   N E O N
P H R A S A L   W O E
R U E D E   A M A Z E
O M M   R E D E Y E D
B E A V   T Y R
  S I S I S   G O D
S T R Y C H N I N E
T E E N   I M B U E
K R O C   P E E P S
```

103

```
P O T   M C C   B I S
A S H   E O E   A L T
S H E   D N S   T O A
A I R L I F T   M S G
  M I C R A   A T E
N O O T K A   N Y S
I B N   S T S   F O E
C S U   E A T O U T
E T C   E R R O R
T A L   D N A T E S T
I C E   D I L   V I G
E L A   I T E   E P I
S E R   E Y E   R E F
```

104

```
D E I G N   S O R E N
O R A T E   C R E D O
M I N I C O U R S E S
O S S   T R L   T R Y
    P A U P E R
B A B A R   T N O T E
I P O D     R O A D
S T O R Y   M O M M Y
    K E E P O N
O T C   S U P   I B M
S E L F I M P O S E D
H A U S A   E L L E S
A L B U M   T A S S E
```

SOLUTIONS

105

```
. S C O P E . U S D .
. S T O L E S . G W U
S H A N I A T W A I N
N U T S O . H O R S E
A L U I . B E R T H S
G A E D . U T L E Y .
. E R R E D . . . . .
. D U R E R . S P A N
T O T A L S . E R D A
A R E T O . G R O U P
C E R E A L A I S L E
E M U . N A M E I T .
T I S . S A Y S T .
```

106

```
P A H S . B A L E R S
I R A E . S N I P E S
U N R E A S O N I N G
S O D A S . U N C U T
. . C L A C K . . . .
S L O S H Y . . T C I
A P P O I N T M E N T
P S Y . D I O N N E
. . C I E R A . . .
C A S C O . T O N G A
W I T C H D O C T O R
T R A L A S . C E N O
S E R I N S . O D E D
```

107

```
D E B . A L S . Z A C
U N A . R O H . I T A
L D S . T W A . P O T
C A I T I F F . A N E
E S C H E A T . D A R
T H I R S T . B E L A
. N O T S U R E . .
M U S E . P R I D E S
E P T . O R A T O R Y
D L I . C E N S O R S
D O N . T A I . D A T
L A C . A D U . A T E
E D T . D S M . H A M
```

108

```
A L M V P . U R A L S
S E R I O . P O L O S
I T S S O . T S A D E
S A C C H A R I N E .
. . L I S T E N . .
A T A D . S N Y D E R
I S U . I T D . U M S
D E S I C A . U N I T
. . M E K O N G . .
. S C A P E G R A C E
T I O G A . D O R A N
O L M E C . E B E R T
C L E R K . N E E D S
```

109

```
S E S S . J U R O R S
O R E O . O V U L E S
U S A F . Y E S S E S
S T R A Y C A T . .
. O B O E S . I S H
A D V E R B . E N T E
F R E D E R I C T O N
T A R S . O S H E A S
S Y S . O T T E R .
. . S C H O L A R S
I M P U T E . O L A V
N O T F A R . N I N E
S O L I D S . S A I N
```

110

```
N T S B . P I T T S
H I E R O . I C E I T
L A V A L . N I L L A
. E C A S H . E E G
G S N . S T E E P .
R A Y E . P A T H O S
A L E T A . D R O N E
U S A U S A . E T I C
. R I P E N . O N T
M A I . I F E L L .
A L T A R . C U E I N
R I C C I . K I N T E
G A H A N . S S N S
```

111

```
I N S U M . F I N A L
R E E S E . A B O D E
R O L E N . I N G O T
. L A U E R . R G S
A B E S . S P E E .
R R R . S E L V A G E
A I S L E . A E T N A
W O M A N L Y . S A T
. A S T I . N H R A
S L R . I S E E A .
L I K E N . A R K I N
O P E R E . S T E I N
T O T A L . E S S I E
```

112

```
T R O U T . S U L K
D A R N E L . T R E E
S I G H T U N S E E N
. . A R I S . . .
G U P T A . Y E N S
O M E . I N D O O R
A B S T R A C T I O N
S E C R E T . S T A
. R I L E . A B Y S S
. . C I R O . . .
G A R T E R S N A K E
I T E S . S O G O O D
A T O R . N O L I E
```

SOLUTIONS

113

A	F	T	E	R		A	R	P	E	L
G	E	H	R	Y		L	E	O	N	A
A	V	E	D	A		I	F	I	T	S
	E	R	O	S	E		O	N	O	S
A	R	M	S		P	E	R	T		
M	I	O		T	O	P	M	A	S	T
A	S	P		E	P	I		N	H	A
P	H	L	O	X	E	S		D	R	U
	A	N	T	E		M	C	A	T	
T	I	S	H		S	C	A	L	P	
Y	S	T	A	D		E	R	I	N	S
C	O	I	N	S		R	I	C	E	S
O	N	C	D	S		A	N	K	L	E

114

D	S	C			P	R	I	M	E	R
A	N	O	A		E	A	S	Y	A	S
W	E	P	T		R	E	S	O	R	T
S	E	A	T	A	C					
	S	E	G	U	E		D	I	F	
D	U	E	N	E	S	S		E	G	O
E	S	T		I	S	P		P	O	R
L	I	I		N	I	A	G	A	R	A
A	N	C		G	O	N	E	R		
		N	A	N	T	E	S			
F	E	R	R	I	C		I	U	M	S
A	L	U	M	N	A		E	R	A	T
T	O	T	S	U	P		E	G	S	

115

S	I	G	S		F	I	D	O	S
P	L	A	N	B		A	C	U	R	A
F	A	V	O	R	I	T	E	S	O	N
	O	R	R	S		T	N	T		
I	N	T	E	R	P	L	A	Y		
T	E	T		Y	E	S				
A	Z	E	R	A		T	S	K	E	D
	T	O	N		I	M	S			
	T	E	L	E	G	E	N	I	C	
E	W	E		I	A	N	S			
P	A	R	T	I	N	G	S	H	O	T
P	A	R	C	S		S	U	I	T	E
S	H	E	B	A		E	P	E	E	

116

I	S	S	U	E		A	F	T	R	A
U	P	E	N	D		R	E	H	E	M
M	O	V	I	E		K	E	E	N	E
	R	E	O	R	G		B	L	U	R
M	A	N	N		L	A	L	A		
E	D	T		F	I	R	E	S	A	T
N	I	H		I	T	I		T	C	U
S	C	H	U	L	T	Z		H	R	E
	E	P	E	E		L	U	I	S	
F	L	A	W		R	E	A	R	M	
L	E	V	A	R		T	Y	R	O	S
I	N	E	R	T		R	I	A	N	T
P	O	N	D	S		E	T	H	Y	L

117

I	F	S	O		W	O	W	S		
M	I	T	A		E	R	A	T	O	
B	R	U	S	H	S	T	R	O	K	E
A	A	R		E	T	H		M	A	N
D	R	M	A	R	I	O		A	F	T
		C	R	E	D	I	T	O	R	
C	A	P	R	I		O	V	A	R	Y
O	N	E	O	N	O	N	E			
L	O	T		G	U	T	S	I	E	R
I	P	A		G	T	I		M	N	O
C	I	R	C	U	L	A	R	S	A	W
	A	D	D	L	E		B	E	M	A
	S	I	L	T		I	T	I	N	

118

A	S	S	E	Z		T	W	A	S	
S	K	I	B	O	B		V	A	S	E
T	Y	D	B	O	L		V	A	C	A
I	S	E		U	R	C	H	I	N	
	D	I	F	F	E	R				
L	A	I	D	O	F	F		U	M	D
A	E	S	I	R		U	A	N	D	I
H	R	H		I	N	S	U	L	A	R
	I	N	E	E	D	A				
E	R	E	S	T	U		W	E	L	
W	O	R	D		R	E	N	F	R	O
E	T	T	U		O	C	C	U	L	T
R	H	E	E		T	O	L	E	T	

119

G	A	S	U	P		S	P	L	A	Y
A	D	A	G	E		I	G	O	T	O
P	O	T	A	T	O	S	A	C	K	S
E	G	S		I	A	L		H	A	T
		U	T	T	E	R				
T	O	R	M	E		Y	E	M	E	N
A	V	I	A		R	A	Z	A		
C	O	P	S	E		C	U	R	R	Y
	S	L	O	A	N					
A	R	I		M	T	M		D	I	A
L	A	T	T	I	C	E	W	O	R	K
S	H	I	R	R		R	I	C	K	I
O	M	N	I	A		A	T	E	S	O

120

P	O	T	P	I	E		O	S	S	
B	R	A	H	M	A		A	N	I	N
S	A	Y	Y	E	S		G	E	T	A
		S	T	E	E	R	I	N	G	
S	E	R	I	A	L	N	O			
O	R	E	O		S	I	C	C	E	D
L	I	N	G	S		D	H	A	B	I
D	C	A	R	E	A		E	V	A	N
	A	R	M	A	M	E	N	T		
J	O	E	P	E	S	C	I			
B	U	S	H		T	I	C	T	A	C
A	S	A	Y		E	N	A	C	T	S
R	T	S		L	I	L	I	E	S	

SOLUTIONS

121

H	O	B	O	S		P	A	M	P	A
A	R	I	O	T		O	R	I	E	L
W	I	T	H	A		P	I	N	E	Y
H	A	E		N	I	P	P	E	R	S
A	N	T		D	N	Y		R	E	S
W	A	H	W	A	H		S	A	D	A
	E	S	T	I	V	A	L			
S	U	B	J		B	I	G	W	I	G
O	S	U		E	I	N		A	N	A
P	U	L	S	A	T	E		T	A	U
H	A	L	A	S		G	O	E	T	Z
I	L	E	D	E		A	E	R	I	E
A	S	T	E	R		R	O	S	E	S

122

A	T	I	P		S	A	D	H	U	S
S	O	S	O		O	N	E	A	R	M
A	L	O	U		P	S	E	U	D	O
P	U	L	L	T	H	E	P	L	U	G
	A	T	A	I	L					
L	E	T	S	B	E		B	R	I	
G	R	E		U	S	B		O	A	R
A	I	D		C	R	E	O	L	E	
	T	H	A	N	T					
E	N	D	P	R	O	D	U	C	T	S
L	E	O	I	I	I		R	A	G	S
M	I	C	M	A	C		E	M	I	T
O	N	S	A	L	E		S	P	F	S

123

C	H	E	R		E	J	E	C	T
M	I	M	F		M	A	I	T	A
A	L	B	S		T	A	K	I	N	G
S	T	R	A	T	E	G	O		
	A	W	O	L		B	T	E	N
W	C	S		S	E	M		R	U	E
O	R	U		E	S	O		U	S	N
R	U	R		A	C	U		C	E	E
K	E	E	P		O	R	S	K	
	H	Y	P	N	O	S	I	S	
V	A	L	I	S	E		C	T	R	S
E	G	A	L	E		A	O	U	T
E	R	R	O	R		L	P	N	S

124

M	E	H		O	F	A		M	K	T
S	T	A	Y	P	U	T		A	I	R
G	A	Z	E	T	T	E		A	V	I
S	L	I	M		U	S	E	S	U	P
	N	E	A	R	T	O				
T	H	E	N	C	E		N	D	A	K
U	M	S		S	P	A		E	R	O
B	O	S	S		E	N	A	M	O	R
	H	E	R	E	T	O				
C	U	T	O	F	F		I	C	E	E
A	S	I		R	E	W	O	R	D	S
P	O	P		O	C	A	N	A	D	A
P	S	T		N	T	H		T	Y	S

125

N	E	S		D	O	T		G	M	C
A	V	E		U	N	E	A	R	T	H
H	A	R	D	H	I	T	T	I	N	G
A	C	T	E		S	T	D			
	I	E	D		S	I	N	K		
B	O	S	N	I	A		R	E	I	
S	A	L	M	O	N	T	R	O	U	T
U	N	I		L	A	M	E	N	T	
B	E	V	Y		R	S	A			
	E	A	L		I	T	E	M		
H	O	O	K	O	R	C	R	O	O	K
A	R	I	S	T	O	S		T	N	T
G	E	L		S	E	T		E	S	G

126

W	E	E	D	Y		T	I	D	A	L
A	M	N	I	A		H	O	U	R	I
S	A	B	E	R		A	S	C	U	S
O	I	L		D	S	T		K	G	S
F	L	A	B	B	Y		Q	U	O	
	N	E	I	L	S		U	L	M	
	K	C	A	R		T	I	E	A	
R	A	E		D	R	A	T	S		
A	R	T			A	K	I	T	A	S
S	A	N		O	Y	E		I	L	E
S	K	O	A	L		O	C	O	M	E
L	U	I	G	I		U	L	N	A	S
E	L	R	O	D		T	E	S	S	A

127

S	A	F	E		U	N	M	A	S	K
P	L	O	P		N	A	I	L	I	T
A	P	R	S		L	Y	C	E	E	S
Y	O	G	I	B	E	A	R			
	A	L	I	S		A	P	B	S	
A	U	T	O	P	S	Y		E	L	I
E	T	H	N	O		I	N	R	E	M
R	E	E		D	R	E	A	M	U	P
O	P	R	Y		A	L	M	A		
	E	V	I	D	E	N	C	E		
N	I	A	C	I	N		T	E	E	N
S	T	U	C	C	O		A	N	N	E
C	A	S	H	I	N		G	T	O	S

128

M	A	M	B	O		V	A	P	I	D
C	H	I	L	I		A	G	O	R	A
C	A	N	A	L		U	N	W	O	N
	E	B	U	L	L	I	E	N	T	
I	O	R		P	C	T		R	Y	E
S	T	A	B		D	E	E	D		
A	T	L	A	S		D	E	R	M	O
	W	R	E	N		K	E	R	R	
M	O	A		C	U	E		S	E	S
A	R	T	H	R	I	T	I	S		
G	E	E	S	E		O	D	I	S	T
D	O	R	I	C		N	E	N	E	H
A	S	S	A	Y		S	A	G	G	Y

SOLUTIONS

129

<pre>
A N D I · H U B R I S
B I O G · O L I N D A
A C L U · R E E S E S
B O C A · S E R · · ·
· · E N C E · S I C K
A D V A N C E · S E I
L E I · E H S · I B M
G E T · T E T A N U S
E M A G · S H A G · ·
· · · O S T · C L I O
A T N O O N · H A R D
B U R E A U · E S A I
E N C Y S T · N S E C
</pre>

130

<pre>
H O C U S · B O P S ·
I P A N A · E V I E ·
H E B E R · V E N A L
A R I · C I E · K L M
T A N · A D L · I A N
· · C O S I · O N N O
C A R O M · S I G E P
I M U P · B A D S ·
V A I · A R T · H O S
I T S · H I C · E T A
C E E L O · H O A R Y
· U R E Y · E F R O N
· R S S S · L A S S O
</pre>

131

<pre>
S E D · I M A · C O G
T R U · S E V · O P A
P E S · I D O · M E L
A S T A T I C · M R E
U T I L I T A R I A N
L U N K · E D E S S A
· · H A D R O N S · ·
C O O L E R · N I P A
E F F I C A C I O U S
I N F · I N T E N T S
L O M · D E R · E O E
E T A · E A L · R U T
D E N · D N S · S T S
</pre>

132

<pre>
L I D A · A L D A S
A L O U S · R E A C H
T O C K S · R A N T O
K I T · T W O · N I P
F I O · S A Y · Y I P
S O R T · D O O B I E
· E R N E S T O · ·
U N D I E S · S N I T
P I P · L I C · A T O
R A H · S N L · D A P
I C O N O · A R U S H
S I T I N · M E C C A
E N O L S · N E A T
</pre>

133

<pre>
I T C H Y · M A G N A
C H U M S · A K R O N
E R R O L · F I E L D
C A T S · R I N G E R
A L A · K A A · O S E
P L I A N T · U R S I
· N O T E A S Y · ·
H A R K · D A G A M A
E L A · T P S · B T U
E P I L O G · I B E T
H A S U P · T R O T H
A C E T O · E A T N O
W A R E S · R E T A R
</pre>

134

<pre>
A R G O · S I G E P
D O O N · U R I E L
H U L L A B A L O O
D E F O R M E D · ·
· · A N I · E N E S
G A N N E T · D E M O
A N O · · · E M I
E D E R · P A L T E R
D A L I · A S E ·
· · N E W S T Y L E
M A G I S T R A T E
A R E N A · I L R E
W O R S T · P U S S
</pre>

135

<pre>
U T H E R · P I T T A
S H U L A · I O W A S
E R R E D · S T E T S
F O R M A T · A N T I
U N I · R O M · T O G
L E C H · R E L Y O N
· A S I S A I D ·
P A N I N I · L O A M
A D E · N O L · L V I
V O L E · N E A L O N
I N A W E · P L A C E
N A M E D · E G R E T
G I P S Y · R A S T A
</pre>

136

<pre>
E J E C T · G U L A G
R A M B O · A L A M E
E G E S T · L A U E R
S U R · O N E · N R A
T A I · E O N · D C L
U R L S · S A C R E D
· · L O V E S H Y ·
A D A G I O · O B E Y
K E G · T U N · A R E
I M A · R T S · S N A
M E S S I · Y I K E S
B A S S O · N T E S T
O N E I L · C A T T Y
</pre>

SOLUTIONS

137

```
S C A R F . A L A D .
A A M C O . M I D I S
S P E A R . P L A N O
H R E . B O L . P E S
A I R W A V E . T O A
. . O D A . F E U D .
. O B J E T D A R T .
E N Y O . I E R . . .
R E C . C O V E R U P
I M O . A N I . A T O
S O L I D . A G N U S
A R O A R . N E G R I
. E R T E . T R E N T
```

138

```
A P S I S . M A C E D
B I T T E . A L A N A
A S A I R . S A N D P
C T R . A N T E D U P
A I T . P M S . Y S L
B L I T H E . S W E E
. N A S . T A R . . .
B U G S . C O B A L T
E R B . F I E . P I R
C A L O R I C . P G A
A N O L E . A N E E D
L I C I T . P O R T E
M A K O S . S I S I S
```

139

```
. G A R B . W O A D S
Y E S O R . H I T O N
A R E C A . E L E G Y
R E C O V E R I N G .
. . C A M E L . . .
A F R O . B O Y I S H
D R J . U R N . U S S
M A R I S A . T M A N
. . M E C C A . . .
. I L L D E F I N E D
E N I A C . L L A N O
F A N T A . A O R T A
S N E E R . T R A S .
```

140

```
A M B I . F B I M E N
L O O M . L A N A T E
P R O P . A I S L E S
S T R E E T R O D . .
. . T O L D . E P A
G R A I N Y . S M U T
L I N G S . U T E R O
O P T O . O S P R E Y
P E I . T O N I . . .
. M I S C R E A N T
I F O N L Y . R A C Y
C A N N O T . R H I N
C O Y O T E . E S S E
```

141

```
U N A . S A M . B S S
G E T I N T O . O H H
O V A T I O N . N R A
. C A D E T . D U R
B E L L E . A L I B I
S S I . A G O . . .
O P P O R T U N I T Y
. D E V . T I D . .
N I L E S . P S S T S
I S A . T R E A T .
K I N . A I R T R A P
O A K . T A R B U S H
N H A . E L Y . E E O
```

142

```
M A C H U . S T T N G
E B O A T . M Y H A T
T R U R O . E P E E S
E A N . P Y L O N .
. T R I A L . C T R
H E E H A W . D E E E
M A R I N . S O F T C
O R A N . A C C O R D
S P T . W I R E R .
. T S A D E . W S W
T R A C I . E L A T E
U N C U T . C A R O N
A S K M E . H A D A T
```

143

```
I S P . C C S . . .
M C R . A P O . R O E
P O O H P O O H I N G
A T T E N . N I C E R
C I E L . S H O E . .
T A I L E N D . T N T
. N O I S O M E . .
C M D . S W E A R T O
H A R D . . Y S E R
E R I E S . F A C E T
F A N F A R O N A D E
S T K . M E R . L U G
. . S O I . E P A
```

144

```
E D O . H U G . A W N
R N S . A E R . N E U
W A T E R L O G G E D
I S I T M E . A O K I
N E A T O . F I R E S
. U N D U L A N T . .
S E G . I S R . S D S
E U R O Z O N E . .
A G A M E . I R R E G
P E N N . S T E A D Y
I N D I A R U B B E R
N I M . C I R . I M O
K A A . E S E . D A S
```

SOLUTIONS

145

A	Z	T		U	F	C		B	A	A
S	O	A		N	O	T	H	I	N	G
K	I	T	C	H	E	N	E	T	T	E
A	C	T	I	I			Y	E	A	S
		O	S	P	R	E	Y			
N	E	O			I	L	O	I	L	O
C	U	E	T	H	E	M	U	S	I	C
O	R	D	E	A	L			T	A	H
		A	N	S	A	R	A			
B	O	O	R			N	E	N	E	S
A	B	R	A	C	A	D	A	B	R	A
D	I	C	T	I	O	N		U	R	N
E	E	S		I	L	O		L	S	D

146

O	N	I	C	E		M	O	V	E	R
D	O	N	H	O		I	R	A	I	L
E	A	S	E	S		K	I	C	K	S
A	M	E	R		R	A	G	U		
		C	U	B	A	N		U	P	S
H	O	T	B	E	D		M	H	O	
E	P	I		S	I	P		C	O	O
M	A	V			C	A	R	L	O	T
P	L	O		O	A	K	I	E		
		R	O	F	L		L	A	N	I
A	R	O	M	A		U	L	N	A	S
W	R	U	N	G		P	E	E	T	E
E	S	S	I	E		A	T	R	E	E

147

S	P	I	E	S			T	M	S
V	A	C	A	T	E		D	E	C	I
E	P	H	R	O	N		I	N	N	E
L	U	I	S		G	A	R	D	E	N
T	A	R	P		S	E	T	A	N
E	N	O	L		N	I	C	O	L	A
		I	D	E	S	T		
D	U	S	T	U	P		S	N	O	G
O	N	E	T	O		P	A	I	R
U	P	R	I	S	E		E	U	L	A
B	L	I	N		D	O	E	S	I	N
L	U	N	G		E	X	C	E	E	D
E	G	S			O	H	A	R	E

148

U	M	B	R	A		G	O	F	E	R
S	I	T	A	R		N	O	R	T	E
P	R	E	D	I	C	A	M	E	N	T
S	E	N		A	P	R		E	A	S
		D	N	A	L	A	B		
S	U	S	A	N	S		S	O	L	O
I	N	T	R	A		I	N	R	E	M
R	O	T	C		O	R	A	N	G	E
		H	Y	S	S	O	P		
T	K	O		O	L	N		B	S	S
B	A	M	B	O	O	S	H	O	O	T
A	R	A	C	E		O	S	S	I	E
R	O	S	E	Y		N	I	N	E	R

149

L	I	S	I			A	S	O	R	T
A	S	A	N		C	I	T	R	U	S
R	E	V	S		O	N	R	A	M	P
D	R	E	I		N	G	O		
		S	T	E	V	E	D	O	R	E
M	A	T	U	R	E		E	N	C	L
A	R	I		A	R	P		B	M	I
S	E	M	S		T	V	T	A	P	E
I	D	E	N	T	I	C	A	L		
		U	R	B		R	A	P	S
S	I	E	G	E	L		T	N	T	S
P	O	L	L	E	E		A	C	A	T
A	S	S	Y	R		N	E	S	S

150

D	A	M	N		L	L	A	M	A
R	I	A	A		Y	O	R	B	A
A	R	T	S		L	E	C	T	E	R
B	Y	R	D		I	S	A	
	I	A	M	B		T	O	U	R
O	P	A	Q	U	E		E	U	S	E
M	A	R		G	R	U		T	I	L
A	C	C	T		A	N	Y	W	A	Y
R	A	H	S		T	H	E	A	
		T	E	E		O	R	E	G
F	L	A	R	E	D		M	D	S	E
P	A	P	A	L		A	L	M	S
S	H	E	P	S		N	Y	E	T

151

S	U	V	S		A	C	R	E	S
A	S	A	I	R		C	L	O	N	K
R	E	C	T	O		L	O	U	S	E
A	M	U		S	M	U	G	G	L	E
N	E	U	T	E	R		H	A	T
	M	E	H	T	A		A	V	E
R	I	C	K	I		L	I	N	E	R
E	N	L		P	A	L	E	D	
E	D	E		R	E	D	R	A	W
Q	U	A	L	I	F	Y		E	L	O
U	L	N	A	R		E	V	A	D	E
I	G	E	T	A		S	I	D	E	B
P	E	R	E	S		L	Y	N	E

152

S	O	B	A		I	M	A	R	E	T
H	E	A	T		M	O	L	A	R	S
I	N	C	R		P	R	Y	N	N	E
H	O	K	I	N	E	S	S		
		B	U	R	L	E	S	Q	U	E
A	N	I	M	A		L	A	U	R	A
T	I	T			A	D	V	
O	D	E	S	A		V	A	G	U	E
Z	I	R	C	O	N	I	U	M	
		A	R	T	E	R	I	A	L
S	V	E	L	T	E		O	R	M	E
C	U	T	E	A	S		R	E	A	M
H	E	A	R	S	T		A	S	P	S

190

SOLUTIONS

153

```
C H A R Y ■ O I L E D
P A S H A ■ C R I M E
U S T E N ■ C A M A Y
S P R I N K L I N G ■
■ ■ M I N U S ■ ■ ■ ■
O R R S ■ E D E R L E
J S B ■ D E E ■ S I D
O V I S A C ■ L A C Y
■ ■ I T A G O ■ ■ ■ ■
■ M A L A P R O P O S
C A S A S ■ U S E R S
O N I N E ■ B E R E T
B O N E T ■ S N U G S
```

154

```
M A L A R ■ Y E G G
I P A N A ■ T E L E O
G O O D M O R N I N G
U L T ■ O V I ■ C E E
E L S ■ S E V ■ I R T
L O E B ■ R I A T A
■ I D T A G ■ ■ ■
■ R I C O H ■ S T U B
D E M ■ L E M ■ E N L
E T A ■ A R A ■ P T A
B I G S P E N D E R S
B R E N S ■ L I E U T
E E R O ■ Y E S E S
```

155

```
R A J A ■ S H E E R
A R A M ■ S K I M P Y
N A Z I ■ E A R T H S
I T Z A ■ R T E ■ ■
■ H B A R ■ E S P Y
T E A L E A F ■ E N E
I N N E R ■ E A M E S
L C D ■ Y T T R I U M
T O S S ■ N A I F ■
■ H M O ■ G L I B
F A C E I T ■ A U N T
O L D A G E ■ T I N E
E Y E R S ■ O D O N
```

156

```
H O R S ■ A T W I L L
E L E C ■ G E H R I G
B A E R ■ A N Y O N E
E F F I C I E N C Y ■
■ ■ P I N T O ■ ■ ■
S H A T T ■ S T O I C
E A L ■ ■ ■ A V A
V D A R A ■ C D R O M
■ ■ U T L E Y ■ ■ ■
■ S U S T E N A N C E
C A E S A R ■ D A N L
C A L I C O ■ I D E E
C R E A K Y ■ C A T E
```

157

```
C A P T S ■ I B E A M
O C T E T ■ M A R L A
E N O K I ■ A C T O N
D E M ■ R I C K E T S
■ A C R O S S ■ ■ ■
O D I O U S ■ E M U S
A S N A P ■ P A O L O
K T E L ■ L A T T E R
■ I M P I S H ■ ■ ■
H O S T E S S ■ E A N
O N A I R ■ L O R R E
B E F O G ■ E E L E D
S C E N E ■ Y O Y O S
```

158

```
H O K U M ■ I O N I C
E D I N A ■ S H U S H
P A D D Y ■ R E N E E
A S S I S T A N C E ■
■ T E T H E R ■ ■ ■
E A U S ■ A L Y S S A
N S F ■ G T I ■ E E L
A U F A I T ■ A A R P
■ U B O A T S ■ ■ ■
■ A N G L O P H O B E
E N S U E ■ R O N N Y
A T E S T ■ E M E E R
P I C T S ■ S E D G E
```

159

```
P I S T O N ■ D E P
A C C E P T ■ D E A R
S H O R T S ■ O C T O
C I R C ■ B O U R S E
A R I E ■ H B E A M
L O A N ■ F I L E T
■ T O T O E ■ ■ ■
■ A N E N D ■ P A N T
A L A N A ■ A B E S
L O U A N N ■ R O U E
E N G R ■ G O K A R T
A S H Y ■ O P E R A S
N O T ■ S A D D L E
```

160

```
N S F ■ A S E ■ D A B
L I U ■ C T A ■ I S U
O L N ■ C I R ■ A T O
W O N D E R W O M A N
■ Y I P ■ I R E ■ ■
P A B S T ■ G E T O N
U H U H ■ ■ G R A Y
B A S R A ■ R A I T T
■ I A T ■ I N C ■ ■
F I N G E R B O A R D
L G E ■ A D E ■ L A A
E A S ■ M A Y ■ L C D
D S S ■ S S E ■ Y E O
```

SOLUTIONS

161

W	A	S	P			G	I	A	D	A
A	C	M	E		F	O	S	T	E	R
A	A	A	A		I	N	A	P	E	T
H	I	S	S	A	T		I	S	P	Y
		H	E	S	T	I	A			
F	E	H		S	O	T	H	E	R	E
T	W	I		O	B	S		F	O	R
S	E	T	F	R	E	E		F	D	A
		A	T	T	L	E	E			
P	A	R	R		I	F	I	C	A	N
F	L	E	C	H	E		E	T	T	E
C	O	N	R	A	D		I	E	A	T
S	P	A	Y	S			O	D	D	S

162

M	A	N	I	C		R	O	S	S	I
P	A	U	L	O		U	N	T	I	L
H	U	C	K	L	E	B	E	R	R	Y
	L	A	U	D	E		A	S	A	
R	A	E		M	I	N	O	T		
F	L	A	M	B	E		S	E	A	M
D	A	R	I	O		R	I	G	B	Y
S	E	W	S		Y	E	S	I	A	M
	I	S	O	L	A		C	A	Y	
I	G	N		C	E	L	I	A		
B	E	T	T	E	M	I	D	L	E	R
A	N	E	R	A		S	E	L	E	S
R	E	R	U	N		M	A	Y	N	T

163

T	O	B	E		M	I	L	S	A	P
E	D	O	M		A	T	E	S	T	S
R	O	M	P		N	E	A	R	L	Y
A	M	B	I		I	N	D			
	P	R	O	F		I	F	H	E	
D	A	R	E	M	E		N	L	E	R
I	D	O		S	S	T		O	R	A
D	O	O	M		T	O	B	O	O	T
A	G	F	A		A	G	E	R		
	D	A	T		G	L	O	M		
W	A	S	A	B	I		G	A	V	E
A	K	I	M	B	O		A	M	U	R
S	C	R	E	E	N		R	P	M	S

164

M	A	G	I	C		S	A	A	B
A	R	E	S	O		U	H	U	R	A
S	O	N	I	C		N	O	T	A	T
C	O	T	T	O	N	W	O	O	L
	M	A	O	R	I
K	O	B	E		D	A	N	D	E	R
A	I	T		E	S	P		O	R	O
I	D	U	N	N	O		O	G	R	E
	A	S	F	A	R
B	E	N	E	F	A	C	T	O	R
I	R	E	N	A		L	H	A	S	A
O	N	E	I	L		T	I	P	S	Y
N	O	S	E		O	L	E	O	S

165

W	I	T	H		D	R	A	G	O	N
I	S	A	O		M	O	N	R	O	E
T	U	L	L		I	M	G	O	O	D
S	P	L	I	N	T	E	R
	D	I	R		Y	V	E	S
H	A	S	A	N	I	P		E	D	H
R	E	D	Y	E		L	A	N	D	O
A	R	A		R	E	A	C	T	O	R
P	O	K	E		A	I	T
	T	O	R	T	U	O	U	S
E	S	C	H	E	W		P	U	S	H
Y	E	M	E	N	I		O	T	E	A
E	P	I	L	O	G		N	A	R	K

166

		U	H	F		T	U	G
E	W	W		P	E	E		A	Z	T
R	Y	A		C	H	E	E	R	I	O
B	O	L	D	A	S	B	R	A	S	S
	K	R	S		L	E	M
E	L	I	O	T		E	M	A	I	L
D	E	E	P		I	S	N	O
M	A	T	S	U		I	T	A	G	O
	A	H	S		N	I	L
S	T	L	O	U	I	S	C	A	R	D
O	A	K	T	R	E	E		T	H	A
O	N	I		P	S	T		A	O	L
K	A	E		S	T	S

167

C	E	C	U	M		D	D	A	Y	S
P	L	A	N	A		E	E	L	E	R
R	O	T	C	S		M	I	A	T	A
	C	U	S	C	U	S
B	O	H	R		A	R	M	P	I	T
I	N	C	L	O	S	E		E	L	A
B	Y	O		N	A	S		N	E	S
L	O	L		O	B	T	R	U	D	E
E	U	D	O	R	A		A	M	E	S
	A	D	S	O	R	B
M	E	E	S	E		P	E	R	O	N
F	A	K	I	R		A	F	A	T	E
R	L	E	S	S		L	Y	S	E	D